VIE DE BEETHOVEN

ROMAIN ROLLAND (1903)

Sommaire

Préface

L'air est lourd autour de nous. La vieille Europe s'engourdit dans une atmosphère pesante et viciée. Un matérialisme sans grandeur pèse sur la pensée, et entrave l'action des gouvernements et des individus. Le monde meurt d'asphyxie dans son égoïsme prudent et vil. Le monde étouffe. — Rouvrons les fenêtres. Faisons rentrer l'air libre. Respirons le souffle des héros.

La vie est dure. Elle est un combat de chaque jour pour ceux qui ne se résignent pas à la médiocrité de l'âme, et un triste combat le plus souvent, sans grandeur, sans bonheur, livré dans la solitude et le silence. Oppressés par la pauvreté, par les âpres soucis domestiques, par les tâches écrasantes et stupides, où les forces se perdent inutilement, sans espoir, sans un rayon de joie, la plupart sont séparés les uns des autres, et n'ont même pas la consolation de pouvoir donner la main à leurs frères dans le malheur, qui les ignorent, et qu'ils ignorent. Ils ne doivent compter que sur eux-mêmes ; et il y a des moments où les plus forts fléchissent sous leur peine. Ils appellent un secours, un ami.

C'est pour leur venir en aide, que j'entreprends de grouper autour d'eux les Amis héroïques, les grandes âmes qui souffrirent pour le bien. Ces Vies des Hommes illustres ne s'adressent pas à l'orgueil des ambitieux ; elles sont dédiées aux malheureux. Et qui ne l'est, au fond ? À ceux qui souffrent, offrons le baume de la souffrance sacrée. Nous ne sommes pas seuls dans le combat. La nuit du monde est éclairée de lumières divines. Même aujourd'hui, près de nous, nous venons de voir briller deux les plus pures flammes, la flamme de la Justice et celle de la Liberté : le colonel Picquart, et le peuple des Boers. S'ils n'ont pas réussi à brûler les ténèbres épaisses, ils nous ont montré la route, dans un éclair. Marchons-y à leur suite, à la suite de tous ceux qui luttèrent comme eux, isolés, disséminés dans tous les pays et dans tous les siècles. Supprimons les barrières du temps. Ressuscitons le peuple des héros.

Je n'appelle pas héros ceux qui ont triomphé par la pensée ou par la force. J'appelle héros, seuls ceux qui furent grands par le cœur. Comme l'a dit un des plus grands d'entre eux, celui dont nous racontons ici même la vie : « Je ne reconnais pas d'autre signe de supériorité que la bonté. » Où le caractère n'est pas grand, il n'y a pas de grand homme, il n'y a même pas de grand artiste, ni de grand homme d'action ; il n'y a que des idoles creuses pour la vile multitude : le temps les détruit ensemble. Peu nous importe le succès. Il s'agit d'être grand, et non de le paraître.

La vie de ceux dont nous essayons de faire ici l'histoire, presque toujours fut un long martyre. Soit qu'un tragique destin ait voulu forger leur âme sur l'enclume de la douleur physique et morale, de la misère et de la maladie ; soit que leur vie ait été ravagée, et leur cœur déchiré par la vue des souffrances et des hontes sans nom dont leurs frères étaient torturés, ils ont mangé le pain quotidien de l'épreuve ; et s'ils furent grands par l'énergie, c'est qu'ils le furent aussi par le malheur. Qu'ils ne se plaignent donc pas trop, ceux qui sont malheureux : les meilleurs de l'humanité sent avec eux. Nourrissons-nous de leur vaillance ; et, si nous sommes trop faibles, reposons un instant notre tête sur leurs genoux. Ils nous consoleront. Il ruisselle de ces âmes sacrées un torrent de force sereine et de bonté puissante. Sans même qu'il soit besoin d'interroger leurs œuvres, et d'écouter leur voix, nous lirons dans leurs yeux, dans l'histoire de leur vie, que jamais la vie n'est plus grande, plus féconde, — et plus heureuse, — que dans la peine.

* * *

En tête de cette légion héroïque, donnons la première place au fort et pur Beethoven. Lui-même souhaitait, au milieu de ses souffrances, que son exemple pût être un soutien pour les autres misérables, « et que le malheureux se consolât en trouvant un malheureux comme lui, qui, malgré tous les obstacles de la nature, avait fait tout ce qui était en son pouvoir, pour devenir un homme digne de ce nom ». Parvenu par des années de luttes et d'efforts surhumains à vaincre sa peine et à accomplir sa tâche, qui était, comme il disait, de souffler un peu de courage à la pauvre humanité, ce Prométhée vainqueur répondait à un ami qui invoquait Dieu : « Ô homme, aide-toi toi-même ! »

Inspirons-nous de sa fière parole. Ranimons à son exemple la foi de l'homme dans la vie et dans l'homme.

ROMAIN ROLLAND. Janvier 1903.

Beethoven

Wohl tun, wo man kann, Freiheit über alles lieben, Wahrheit nie,
auch sogar am Throne nicht verleugnen.
BEETHOVEN. (Feuille d'album. 1792.)

« Faire tout le bien qu'on peut, Aimer la Liberté par-dessus
tout, Et, quand ce serait pour un trône,
Ne jamais trahir la vérité.»

Il était petit et trapu, de forte encolure, de charpente athlétique. Une large figure, de couleur rouge brique, sauf vers la fin de sa vie, où le teint devint maladif et jaunâtre, surtout l'hiver, quand il restait enfermé, loin des champs. Un front puissant et bosselé. Des cheveux extrêmement noirs, extraordinairement épais, et où il semblait que le peigne n'eût jamais passé, hérissés de toutes parts, « les serpents de Méduse [1] ». Les yeux brûlaient d'une force prodigieuse, qui saisit tous ceux qui le virent ; mais la plupart se trompèrent sur leur nuance. Comme ils flambaient d'un éclat sauvage dans une figure brune et tragique, on les vit généralement noirs ; ils ne l'étaient pas, mais bleu gris [2]. Petits et très profondément enfoncés, ils s'ouvraient brusquement dans la passion ou la colère, et alors roulaient dans leurs orbites, reflétant toutes leurs pensées avec une vérité merveilleuse [3]. Souvent ils se tournaient vers le ciel avec un regard mélancolique. Le nez était court et carré, large, un mufle de lion. Une bouche délicate, mais dont la lèvre inférieure tendait à avancer sur l'autre. Des mâchoires redoutables, qui auraient pu broyer des noix. Une fossette profonde au menton, du côté droit, donnait une étrange dissymétrie à la face. « Il avait un bon sourire, dit Moscheles, et dans la conversation, un air souvent aimable et encourageant. En revanche, le rire était désagréable, violent et grimaçant, du reste court », — le rire d'un homme qui n'est pas accoutumé à la joie. Son expression habituelle était la mélancolie, « une tristesse incurable ». Rellstab, en 1825, dit qu'il a besoin de toutes ses forces pour s'empêcher de pleurer, en voyant « ses doux yeux et leur douleur poignante ». Braun von Braunthal, un an plus tard, le rencontre à une brasserie : il est assis dans un coin, il fume une longue pipe, et il a les yeux fermés, comme il fait de plus en plus, à mesure qu'il approche de la mort. Un ami lui adresse la parole. Il sourit tristement, tire de sa poche un petit carnet de conversation ; et, de la voix aiguë que prennent souvent les sourds, il lui dit d'écrire ce qu'on veut lui demander. — Son visage se transfigurait, soit dans ses accès d'inspiration soudaine qui le prenaient à l'improviste, même dans la rue, et qui frappaient d'étonnement les passants, soit quand on le surprenait au piano. « Les muscles de sa face saillaient, ses veines gonflaient ; les yeux sauvages devenaient deux fois plus terribles ; la bouche tremblait ; il avait l'air d'un enchanteur vaincu par les démon ; qu'il avait évoqués. » Telle une figure de Shakespeare [4] ; Julius Benedict dit : « Le roi Lear ».

* * *

Ludwig van Beethoven naquit le 16 décembre 1770 à Bonn, près de Cologne, dans une misérable soupente d'une pauvre maison. Il était d'origine flamande [5]. Son père était un ténor inintelligent et ivrogne. Sa mère était domestique, fille d'un cuisinier, et veuve en premières noces d'un valet de chambre.

Une enfance sévère, à laquelle manqua la douceur familiale, dont Mozart, plus heureux, fut entouré. Dès le commencement, la vie se révéla à lui comme un combat triste et brutal, Son père voulut exploiter ses dispositions musicales et l'exhiber comme un petit prodige. À quatre ans, il le clouait pendant des heures devant son clavecin, ou l'enfermait avec un violon, et le tuait de travail. Peu s'en fallut qu'il ne le dégoûtât à tout jamais de l'art. Il fallut user de violence pour que Beethoven apprît la musique. Sa jeunesse fut attristée par les préoccupations matérielles, le souci de gagner son pain, les tâches trop précoces. À onze ans, il faisait partie de l'orchestre du théâtre ; à treize, il était organiste. En 1787, il perdit sa mère, qu'il adorait. a Elle m'était si bonne, si digne d'amour, ma meilleure amie ! Oh ! qui était plus heureux que moi, quand je pouvais prononcer le doux nom de mère, et qu'elle pouvait l'entendre [6] ? » Elle était morte phtisique ; et Beethoven se croyait atteint de la même maladie ; il souffrait déjà constamment ; et il se joignait à son mal une mélancolie, plus cruelle que le mal même [7]. À dix-sept ans, il était chef de famille, chargé de l'éducation de ses deux frères ; il avait la honte de devoir solliciter la mise à la retraite de son père, ivrogne, incapable de diriger la maison : c'est au fils qu'on remettait la pension du père, pour éviter que celui-ci la dissipât. Ces tristesses laissèrent en lui une empreinte profonde. Il trouva toutefois un affectueux appui dans une famille de Bonn, qui lui resta toujours chère, la famille de Breuning. La gentille « Lorchen », Éléonore de Breuning, avait deux ans de moins que lui. Il lui apprenait la musique et elle l'initia à la poésie. Elle fut sa compagne d'enfance ; et peut-être y eut-il entre eux un sentiment assez tendre. Éléonore épousa plus tard le docteur Wegeler, qui fut un des meilleurs amis de Beethoven ; et, jusqu'au dernier jour, il ne cessa de régner entre eux une amitié paisible, qu'attestent les lettres dignes et tendres de Wegeler et d'Éléonore, et celles du vieux fidèle ami (alter treuer Freund) au bon cher Wegeler (guter lieber Wegeler). Affection plus touchante encore quand l'âge est venu pour tous trois, sans refroidir la jeunesse de leur cœur [8].

Si triste qu'ait pu être l'enfance de Beethoven, il garda toujours pour elle, pour les lieux où elle s'écoula, un tendre et mélancolique souvenir. Forcé de quitter Bonn, et de passer presque toute sa vie à Vienne, dans la grande ville frivole et ses tristes faubourgs, jamais il n'oublia la vallée du Rhin, et le grand fleuve auguste et paternel, unser Vater Rhein, comme il l'appelle, « notre père le Rhin », si vivant, en effet, presque humain, pareil à une âme gigantesque où passent des pensées et des forces innombrables, nulle part plus beau, plus puissant et plus doux qu'en la délicieuse Bonn, dont il baigne les pentes ombragées et fleuries, avec une violence caressante. Là, Beethoven a vécu ses vingt premières années ; là se sont formés les rêves de son cœur adolescent, — dans ces prairies qui flottent languissamment sur l'eau, avec leurs peupliers enveloppés de brouillards, les buissons et les saules, et les arbres fruitiers, qui trempent leurs racines dans le courant silencieux et rapide, — et, penchés sur le bord, mollement curieux, les villages, les églises, les cimetières même, — tandis qu'à l'horizon, les Sept Montagnes bleuâtres dessinent sur le ciel leurs profils orageux, que surmontent les maigres et bizarres silhouettes des vieux châteaux ruinés. À ce pays, son cœur resta éternellement fidèle ; jusqu'au dernier instant, il rêva de le revoir, sans jamais y parvenir. « Ma patrie, la belle contrée où j'ai vu la lumière du jour, toujours aussi belle, aussi claire devant mes yeux, que lorsque je la laissai [9]. »

* * *

En novembre 1792, Beethoven vint se fixer à Vienne, métropole musicale de l'Allemagne [10]. La Révolution avait éclaté ; elle commençait à submerger l'Europe. Beethoven quitta Bonn juste au moment où la guerre y entrait. Sur la route de Vienne, il traversa les armées marchant contre la France. En 1796 et 1797, il mit en musique les poésies belliqueuses de Friedberg : un Chant du Départ et un chœur patriotique : Nous sommes un grand peuple allemand (Ein grosses deutsches Volk sind wir). Mais en vain il veut chanter les ennemis de la Révolution : la Révolution conquiert le monde, et Beethoven. Dès 1798, malgré la tension des rapports entre l'Autriche et la France, Beethoven entre en rapports intimes avec les Français, avec l'ambassade, avec le général Bernadotte qui venait d'arriver à Vienne. Dans ces entretiens commencent à se former en lui les sentiments républicains, dont on voit le puissant développement dans la suite de sa vie.

Un dessin que Stainhauser fit de lui à cette époque, donne assez bien l'image de ce qu'il était alors. C'est, aux portraits suivants de Beethoven, ce que le portrait de Buonaparte par Guérin, cette âpre figure rongée de fièvre ambitieuse, est aux autres effigies de Napoléon. Beethoven semble plus jeune que son âge, maigre, droit, raidi dans sa haute cravate, le regard défiant et tendu. Il sait ce qu'il vaut ; il croit en sa force. En 1796, il note sur son carnet : « Courage ! Malgré toutes les défaillances du corps, mon génie triomphera... Vingt-cinq ans ! les voici venus ! je les ai.... Il faut que cette année même, l'homme se révèle tout entier [11].» Mme de Bernhard et Gelinck disent qu'il est très fier, de manières rudes et maussades, et qu'il parle avec un très fort accent provincial. Mais ses intimes, seuls, connaissent l'exquise bonté qu'il cache sous cette gaucherie orgueilleuse. Écrivant à Wegeler tous ses succès, la première pensée qui lui vient à l'esprit est celle-ci : « Par exemple, je vois un ami dans le besoin : si ma bourse ne me permet pas de lui venir aussitôt en aide, je n'ai qu'à me mettre à ma table de travail ; et, en peu de temps, je l'ai tiré d'affaire.... Tu vois comme c'est charmant [12]. » Et un peu plus loin, il dit : « Mon art doit se consacrer au bien des pauvres. » (Dann soll meine Kunst sich nur zum Besten der Armen zeigen.)

La douleur, déjà, avait frappé à sa porte ; elle s'était installée en lui, pour n'en plus sortir. Entre 1796 et 1800, la surdité commença ses ravages [13]. Les oreilles lui bruissaient nuit et jour ; il était miné par des douleurs d'entrailles. Son ouïe s'affaiblissait progressivement. Pendant plusieurs années, il ne l'avoua à personne, même à ses plus chers amis ; il évitait le monde, pour que son infirmité ne fût pas remarquée ; il gardait pour lui seul ce terrible secret. Mais, en 1801, il ne peut plus le taire ; il le confie avec désespoir à deux de ses amis : le docteur Wegeler et le pasteur Amenda :

> « Mon cher, mon bon, mon affectueux Amenda,... combien souvent je te souhaite auprès de moi ! Ton Beethoven est profondément malheureux. Sache que la plus noble partie de moi-même, mon ouïe, a beaucoup baissé. Déjà, à l'époque où nous étions ensemble, j'éprouvais des symptômes du mal, et je le cachais ; mais cela a toujours empiré depuis.... Guérirai-je ? Je l'espère naturellement, mais bien peu ; de telles maladies sont les plus incurables. Comme je dois vivre tristement, éviter tout ce que j'aime et tout ce qui m'est cher, et cela dans un monde si misérable, si égoïste !... Triste

résignation où je dois me réfugier ! Sans
doute je me suis proposé de me mettre au-
dessus de tous ces maux ; mais comment cela
me sera-t-il possible [14] ?... »

Et à Wegeler : « ... Je mène une vie misérable. Depuis
deux ans, j'évite toutes les sociétés, parce qu'il ne m'est pas
possible de causer avec les gens : je suis sourd. Si j'avais
quelque autre métier, cela serait encore possible ; mais dans
le mien, c'est une situation terrible Que diraient de cela mes
ennemis, dont le nombre n'est pas petit !... Au théâtre, je
dois me mettre tout près de l'orchestre, pour comprendre
l'acteur. Je n'entends pas les sons élevés des instruments et
des voix, si je me place un peu loin.... Quand on parle
doucement, j'entends à peine,... et d'autre part, quand
on crie, cela m'est intolérable.... Bien souvent, j'ai maudit
mon existence.... Plutarque m'a conduit à la résignation. Je
veux, si toutefois cela est possible, je veux braver mon
destin ; mais il y a des moments de ma vie où je suis la plus
misérable créature de Dieu.... Résignation ! quel triste
refuge ! et pourtant c'est le seul qui me reste [15] ! »
Cette tristesse tragique s'exprime dans quelques œuvres de
cette époque, dans la Sonate pathétique, op. 13 (1799),
surtout dans le largo de la troisième Sonate pour piano, op.
10 (1'798). Chose étrange qu'elle ne soit pas partout
empreinte, que tant d'œuvres encore : le riant Septuor
(1800), la limpide Première Symphonie (en ut majeur,
1800), reflètent une insouciance juvénile. C'est sans doute
qu'il faut du temps à l'âme pour s'accoutumer à la douleur.

Elle a un tel besoin de la joie que, quand elle ne l'a pas, il faut qu'elle la crée. Quand le présent est trop cruel, elle vit sur le passé. Les jours heureux qui furent ne s'effacent pas d'un coup ; leur rayonnement persiste longtemps encore après qu'ils ne sont plus. Seul et malheureux à Vienne, Beethoven se réfugiait dans ses souvenirs du pays natal ; sa pensée d'alors en est tout imprégnée. Le thème de l'andante à variations du Septuor est un Lied rhénan. La Symphonie en ut majeur est aussi une œuvre du Rhin, un poème d'adolescent qui sourit à ses rêves. Elle est gaie, langoureuse ; on y sent le désir et l'espérance de plaire. Mais dans certains passages, dans l'introduction, dans le clair-obscur de quelques sombres basses, dans le scherzo fantasque, on aperçoit, avec quelle émotion ! dans cette jeune figure le regard du génie à venir. Ce sont les yeux du Bambino de Botticelli dans ses Saintes familles, ces yeux de petit enfant où l'on croit lire déjà la tragédie prochaine.

À ses souffrances physiques venaient se joindre des troubles d'un autre ordre. Wegeler dit qu'il ne connut jamais Beethoven sans une passion portée au paroxysme. Ces amours semblent avoir toujours été d'une grande pureté. Il n'y a aucun rapport entre la passion et le plaisir. La confusion qu'on établit de notre temps entre l'une et l'autre ne prouve que l'ignorance où la plupart des hommes sont de la passion, et son extrême rareté. Beethoven avait quelque chose de puritain dans l'âme ; les conversations et les pensées licencieuses lui faisaient horreur ; il avait sur la sainteté de l'amour des idées intransigeantes. On dit qu'il ne pardonnait pas à Mozart d'avoir profané son génie à écrire un Don Juan. Schindler, qui fut son ami intime, assure qu' « il traversa la vie avec une pudeur virginale, sans avoir jamais eu à se reprocher une faiblesse ». Un tel homme était fait pour être dupe et victime de l'amour. Il le fut. Sans cesse il s'éprenait furieusement, sans cesse il rêvait de bonheurs, aussitôt déçus, et suivis de souffrances amères. C'est dans ces alternatives d'amour et de révolte orgueilleuse, qu'il faut chercher la source la plus féconde des inspirations de Beethoven, jusqu'à l'âge où la fougue de sa nature s'apaise dans une résignation mélancolique.

En 1801, l'objet de sa passion était, à ce qu'il semble, Giulietta Guicciardi, qu'il immortalisa par la dédicace de sa fameuse Sonate dite du Clair de Lune, op. 27 (1802). « Je vis d'une façon plus douce, écrit-il à Wegeler, et je me mêle davantage avec les hommes.... Ce changement, le charme d'une chère fille l'a accompli ; elle m'aime, et je l'aime. Ce sont les premiers moments heureux que j'aie depuis deux ans [16]. » Il les paya durement. D'abord cet amour lui fit sentir davantage la misère de son infirmité, et les conditions précaires de sa vie, qui lui rendaient impossible d'épouser celle qu'il aimait. Puis Giulietta était coquette, enfantine, égoïste ; elle fit cruellement souffrir Beethoven, et en novembre 1803 elle épousa le comte Gallenberg [17]. — De telles passions dévastent l'âme ; quand l'âme est déjà affaiblie par la maladie, comme l'était celle de Beethoven, elles risquent de la ruiner. Ce fut le seul moment de la vie de Beethoven, où il semble avoir été sur le point de succomber. Il traversa une crise désespérée, qu'une lettre nous fait connaître :le Testament d'Heiligenstadt, à ses frères, Carl et Johann, avec cette indication : « Pour lire et exécuter après ma mort [18]. » C'est un cri de révolte et de douleur déchirante. On ne peut l'entendre sans être pénétré de pitié. Il fut tout près alors de mettre fin à sa vie. Seul son inflexible sentiment moral l'arrêta [19]. Ses dernières espérances de guérison disparurent. « Même le haut courage qui me soutenait s'est évanoui. O Providence, fais-moi apparaître une fois un jour, un seul jour de vraie joie ! Il y a si longtemps que le son profond de la vraie joie m'est étranger. Quand, oh ! quand, mon Dieu, pourrai-je la rencontrer encore ?... Jamais ? — Non, ce serait trop cruel ! »

Cela semble une plainte d'agonie ; et pour-tant, Beethoven vivra vingt-cinq ans encore. Sa puissante nature ne pouvait se résigner à succomber sous l'épreuve. « Ma force physique croît plus que jamais avec ma force intellectuelle.... Ma jeunesse, oui, je le sens, ne fait que commencer. Chaque jour me rapproche du but que j'entrevois sans pouvoir le définir.... Oh ! si j'étais délivré de ce mal, j'embrasserais le monde !... Point de repos ! Je n'en connais pas d'autre. que le sommeil ; et je suis assez malheureux de devoir lui accorder plus de temps qu'autrefois. Que je sois seulement délivré à moitié de mon mal : et alors.... Non, je ne le supporterai pas. Je veux saisir le destin à la gueule. Il ne réussira pas à me courber tout à fait. — Oh ! cela est si beau, de vivre la vie mille fois [20] ! »

Cet amour, cette souffrance, cette volonté, ces alternatives d'accablement et d'orgueil, ces tragédies intérieures se retrouvent dans les grandes œuvres écrites en 1802 : la Sonate avec marche funèbre, op. 26, la Sonate quasi una fantasia, et la Sonate dite du Clair de lune, op. 27, la Deuxième Sonate, op. 31, avec ses récitatifs dramatiques, qui semblent un monologue grandiose et désolé ; la Sonate en ut mineur pour violon, op. 30, dédiée à l'empereur Alexandre ; la Sonate à Kreutzer, op. 47 ; les six héroïques et poignantes mélodies religieuses sur des paroles de Gellert, op. 48. La Seconde Symphonie, qui est de 1803, reflète davantage son juvénile amour ; et l'on sent que sa volonté prend décidément le dessus. Une force irrésistible balaye les tristes pensées. Un bouillonnement de vie soulève le finale. Beethoven veut être heureux ; il ne veut pas consentir à croire son infortune irrémédiable : il veut la guérison, il veut l'amour ; il déborde d'espoir [21].

* * *

Dans plusieurs de ces œuvres, on est frappé par l'énergie et l'insistance des rythmes de marche et de combat. Cela est surtout sensible dans l'allegro et le finale de la Seconde Symphonie, et plus encore dans le premier morceau, superbement héroïque, de la Sonate à l'empereur Alexandre. Un caractère guerrier, spécial à cette musique, rappelle l'époque d'où elle est sortie. La Révolution arrivait à Vienne. Beethoven était emporté par elle. « Il se prononçait volontiers, dans l'intimité, dit le chevalier de Seyfried, sur les événements politiques, qu'il jugeait avec une rare intelligence, d'un coup d'œil clair et net. » Toutes ses sympathies l'entraînaient vers les idées révolutionnaires. « Il aimait les principes républicains », dit Schindler, l'ami qui le connut le mieux dans la dernière période de sa vie. « Il était partisan de la liberté illimitée et de l'indépendance nationale... Il voulait que tous concourussent au gouvernement de l'État... Il voulait pour la France le suffrage universel, et il espérait que Bonaparte l'établirait, et jetterait ainsi les bases du bonheur du genre humain. » Romain révolutionnaire, nourri de Plutarque, il rêvait d'une République héroïque, fondée par le dieu de la Victoire : le premier Consul ; et, coup sur coup, il forge la Symphonie héroique : Bonaparte (1804) [22], l'Iliade de l'Empire, et le finale de la Symphonie en ut mineur (1805-1808), l'épopée de la Gloire. Première musique vraiment révolutionnaire : l'âme du temps y revit avec l'intensité et la pureté qu'ont les grands événements dans les grandes Âmes solitaires, dont les impressions ne sont pas amoindries par le contact de la réalité. La figure de Beethoven s'y montre colorée des reflets de ces guerres épiques. Partout elles s'expriment, peut-être à son insu, dans les œuvres de cette période : dans l'Ouverture de Coriolan (1807), où soufflent des tempêtes, dans le Quatrième quatuor, op. 18, dont le premier morceau a tant de parenté avec cette ouverture ; dans la Sonate Appassionata, op. 57 (1804), dont Bismarck disait : « Si je l'entendais souvent, je serais toujours très vaillant [23] » : dans la partition d'Egmont ; et jusque dans ses concertos pour piano, dans ce concerto en mi bémol, op. 73 (1809), où la virtuosité même se fait héroïque, où passent des armées. — Comment s'en étonner ? Si Beethoven ignorait, en écrivant la Marche funèbre sur la mort d'un héros de la sonate op. 26), que le héros le plus digne de ses chants, celui qui plus que Bonaparte s'approcha du modèle de la Symphonie héroïque, Hoche, venait de mourir près du Rhin, que domine encore son monument funèbre, du haut d'une petite colline entre Coblentz et Bonn, — à Vienne même, il avait vu deux fois la Révolution victorieuse. Ce sont les officiers français qui assistent en novembre 1805, à la première de Fidelio. C'est le général Hulin, le vainqueur de la Bastille, qui s'installe chez Lobkowitz, l'ami et le protecteur de Beethoven, celui à qui sont dédiés l'Héroïque et l'Ut mineur. Et le 10 mai 1809, Napoléon couche à Schoenbrunn [24]. Bientôt Beethoven haïra les conquérants français. Mais il n'en a pas moins senti la fièvre de leur épopée ; et qui ne la sent pas comme lui, ne comprendra qu'à demi cette musique d'actions et de triomphes impériaux.

* * *

Beethoven interrompit brusquement la Symphonie en ut mineur, pour écrire d'un jet, sans ses esquisses habituelles, la Quatrième Symphonie. Le bonheur lui était apparu. En mai 1806, il se fiançait avec Thérèse de Brunswick. [25] Elle l'aimait depuis longtemps, — depuis que, petite fille, elle prenait avec lui des leçons de piano, dans les premiers temps de son séjour à Vienne. Beethoven était ami de son frère, le comte François. En 1806, il fut leur hôte à Mârtonvàsàr en Hongrie, et c'est là qu'ils s'aimèrent. Le souvenir de ces jours heureux s'est conservé dans quelques récits de Thérèse de Brunswick [26]. « Un soir de dimanche, dit-elle, après dîner, au clair de lune, Beethoven s'assit au piano. D'abord il promena sa main à plat sur le clavier. François et moi nous connaissions cela. C'était ainsi qu'il préludait toujours. Puis il frappa quelques accords sur les notes basses ; et, lentement, avec une solennité mystérieuse, il joua un chant de Sébastien Bach [27] : « Si tu veux me donner ton cœur, que ce soit d'abord en secret ; et notre pensée commune, que nul ne la puisse deviner. » Ma mère et le curé s'étaient endormis ; mon frère regardait devant lui, gravement ; et moi, que son chant et son regard pénétraient, je sentis la vie en sa plénitude. — Le lendemain matin, nous nous rencontrâmes dans le parc. Il me dit : « J'écris à présent un opéra. La principale figure est en moi, devant moi, partout où je vais, partout où je reste. Jamais je n'ai été à une telle hauteur. Tout est lumière, pureté, clarté. Jusqu'à présent, je ressemblais à cet enfant des contes de fée qui ramasse les cailloux, et ne voit pas la fleur splendide, fleurie sur son chemin.... » C'est au mois de mai 1806, que je devins sa fiancée, avec le seul consentement de mon bien-aimé frère François. »

La Quatrième Symphonie, écrite cette année, est une pure fleur, qui garde le parfum de ces jours les plus calmes de sa vie. On y a justement remarqué « la préoccupation de Beethoven, alors, de concilier autant que possible son génie avec ce qui était généralement connu et aimé dans les formes transmises par ses prédécesseurs [28] ». Le même esprit conciliant, issu de l'amour, agissait sur ses manières et sur sa façon de vivre. Ignaz von Seyfried et Grillparzer disent qu'il est plein d'entrain, vif, joyeux, spirituel, courtois dans le monde, patient avec les importuns, vêtu de façon recherchée ; et il leur fait illusion, au point qu'ils ne s'aperçoivent pas de sa surdité, et disent qu'il est bien portant, sauf sa vue qui est faible [29]. C'est aussi l'idée que donne de lui un portrait d'une élégance romantique et un peu apprêtée, que peignit alors Maehler. Beethoven veut plaire, et il sait qu'il plaît. Le lion est amoureux : il rentre ses griffes. Mais on sent sous ses jeux, sous les fantaisies et la tendresse même de la Symphonie en si bémol, la redoutable force, l'humeur capricieuse, les boutades colériques.

Cette paix profonde ne devait pas durer ; mais l'influence bienfaisante de l'amour se prolongea jusqu'en 1810. Beethoven lui dut sans doute la maîtrise de soi, qui fit alors produire à son génie ses fruits les plus parfaits : cette tragédie classique, la Symphonie en ut mineur, — et ce divin rêve d'un jour d'été : la Symphonie pastorale (1808) [30]. — L'Appassionata, inspirée de la Tempête de Shakespeare [31], et qu'il regardait comme la plus puissante de ses sonates, paraît en 1807, et est dédiée au frère de Thérèse. A Thérèse elle-même il dédie la rêveuse et fantasque sonate, op. 18 (1809). Une lettre, sans date [32], et adressée À l'immortelle Aimée exprime, non moins que l'Appassionata, l'intensité de son amour :

« Mon ange, mon tout, mon moi... j'ai le cœur gonflé du trop que j'ai à te dire... Ah ! où je suis, tu es aussi avec moi... Je pleure, quand je pense que tu ne recevras probablement pas avant dimanche les premières nouvelles de moi. — Je t'aime, comme tu m'aimes, mais bien plus fort... Ah ! Dieu ! — Quelle vie ainsi ! Sans toi ! — Si près, si loin. —... Mes idées se pressent vers toi, mon immortelle aimée (meine unsterbliche Geliebte), parfois joyeuses, puis après tristes, interrogeant le destin, lui demandant s'il nous exaucera. — Je ne puis vivre qu'avec toi, ou je ne vis pas... Jamais une autre n'aura mon cœur. Jamais ! — Jamais ! — O Dieu ! pourquoi faut-il s'éloigner quand on s'aime ? Et pourtant ma vie, comme elle est à présent, est une vie de chagrins. Ton amour m'a fait à la fois le plus heureux et le plus malheureux des hommes. — ... Sois paisible..., sois paisible — aime-moi ! — Aujourd'hui, — hier, — quelle ardente aspiration, que de larmes vers toi ! — toi — toi — ma vie — mon tout ! — Adieu ! — oh ! continue de m'aimer, — ne méconnais jamais le cœur de ton aimé L. — Éternellement à toi — éternellement à moi — éternellement à nous [33]. » Quelle raison mystérieuse empêcha le bonheur de ces deux êtres qui s'aimaient ? — Peut- être le manque de fortune, la différence de conditions. Peut-être Beethoven se révolta-t-il contre la longue attente qu'on lui imposait, et contre l'humiliation de tenir son amour indéfiniment secret.

Peut-être, violent, malade et misanthrope, comme il était, fit-il souffrir sans le vouloir celle qu'il aimait, et s'en désespérait-il. — L'union fut rompue ; et pourtant ni l'un ni l'autre ne semble avoir jamais oublié son amour. Jusqu'à son dernier jour (elle ne mourut qu'en 1861), Thérèse de Brunswick aima Beethoven.

Et Beethoven disait, en 1816 : « En pensant à elle, mon cœur bat aussi fort que le jour où je la vis pour la première fois. » De cette même année sont les six mélodies à la bien- aimée lointaine (an die ferne Geliebte), op. 98, d'un caractère si touchant et si profond. Il écrit dans ses notes : « Mon cœur déborde à l'aspect de cette admirable nature, et pourtant Elle n'est pas là, près de moi ! » — Thérèse avait donné son portrait à Beethoven, avec la dédicace : « Au rare génie, au grand artiste, à l'homme bon. T. B. [34] ». Dans la dernière année de sa vie, un ami surprit Beethoven, seul, embrassant ce portrait en pleurant, et parlant tout haut suivant son habitude : « Tu étais si belle, si grande, pareille aux anges ! » L'ami se retira, revint un peu plus tard, le trouva au piano, et lui dit : « Aujourd'hui, mon vieil ami, il n'y a rien de diabolique sur votre visage. » Beethoven répondit : « C'est que mon bon ange m'a visité. » — La blessure fut profonde. « Pauvre Beethoven, dit-il lui-même, il n'est pont de bonheur pour toi dans ce monde. Dans les régions de l'idéal seulement, tu trouveras des amis. [35] »
Il écrit dans ses notes : « Soumission, soumission profonde à ton destin : tu ne peux plus exister pour toi, mais seulement pour les autres ; pour toi, il n'y a plus de bonheur qu'en ton art. O Dieu, donne-moi la force de me vaincre ! »

Il est donc abandonné par l'amour. En 1810, il se trouve seul ; mais la gloire est venue, et le sentiment de sa puissance. Il est dans le force de l'âge. Il se livre à son humeur violente et sauvage, sans se soucier de rien, sans égards au monde, aux conventions, aux jugements des autres.

Qu'a-t-il à craindre ou à ménager ? Plus d'amour et plus d'ambition. Sa force, voilà ce qui lui reste, la joie de sa force, et le besoin d'en user, presque d'en abuser. « La force, voilà la morale des hommes qui se distinguent du commun des hommes. » Il est retombé dans la négligence de sa mise ; et sa liberté de manières est devenue bien plus hardie qu'autrefois. Il sait qu'il a le droit de tout dire, même aux plus grands. « Je ne reconnais pas d'autres signes de supériorité que la bonté », écrit-il le 17 juillet 1812 [36]. Bettina Brentano, qui le vit alors, dit qu' « aucun empereur, aucun roi n'avait une telle conscience de sa force s. Elle fut fascinée par sa puissance : « Lorsque je le vis pour la première fois, écrit-elle à Goethe, l'univers tout entier disparut pour moi. Beethoven me fit oublier le monde, et toi- même, ô Gœthe.... Je ne crois pas me tromper, en assurant que cet homme est de bien loin en avance sur la civilisation moderne. » Gœthe chercha à connaître Beethoven. Ils se rencontrèrent aux bains de Bohème, à Tœplitz, en 1812, et s'entendirent assez mal. Beethoven admirait passionnément le génie de Gœthe [37] ; mais son caractère était trop libre et trop violent pour s'accommoder de celui de Goethe, et pour ne pas le blesser. Il a raconté lui-même une promenade qu'ils firent ensemble, où l'orgueilleux républicain qu'il était donna une leçon de dignité au conseiller aulique du grand-duc de Weimar, qui ne le lui pardonna point.

« Les rois et les princes peuvent bien faire des professeurs et des conseillers secrets ; ils peuvent les combler de titres et de décorations ; mais ils ne peuvent pas faire des grands hommes, des esprits qui s'élèvent au-dessus de la fiente du monde ; ... et quand deux hommes sont ensemble, tels que moi et Gœthe, ces messieurs doivent sentir notre grandeur. — Hier, nous avons rencontré, sur le chemin, en rentrant, toute la famille impériale. Nous la vîmes de loin. Gœthe se détacha de mon bras, pour se ranger sur le côté de la route. J'eus beau lui dire tout ce que je voulus, je ne pus lui faire faire un pas de plus. J'enfonçai alors mon chapeau sur ma tête, je boutonnai ma redingote, et je fonçai, les bras derrière le dos, au milieu des groupes les plus épais. — Princes et courtisans ont fait la haie ; le duc Rodolphe m'a ôté son chapeau ; madame l'impératrice m'a salué la première. — Les grands me connaissent. — Pour mon divertissement, je vis la procession défiler devant Gœthe. Il se tenait sur le bord de la route, profondément courbé, son chapeau à la main. Je lui ai lavé la tête après, je ne lui ai fait grâce de rien [38].... » Gœthe n'oublia pas non plus [39].

De cette date sont les Septième et Huitième Symphonies, écrites en quelques mois, à Tœplitz, en 1812 : l'Orgie du Rythme, et la Symphonie humoristique, les œuvres où il s'est montré peut-être le plus au naturel, et, comme il disait, le plus « déboutonné » (aufgeknoepft), avec ces transports de gaieté et de fureur, ces contrastes imprévus, ces saillies déconcertantes et grandioses, ces explosions titaniques qui plongeaient Gœthe et Zelter dans l'effroi [40] et faisaient dire de la Symphonie en la, dans l'Allemagne du Nord, que c'était l'œuvre d'un ivrogne. — D'un homme ivre, en effet, mais de force et de génie. « Je suis, a-t-il dit lui-même, je suis le Bacchus qui broie le délicieux nectar pour l'humanité.

C'est moi qui donne aux hommes la divine frénésie de l'esprit. » Je ne sais si, comme l'a écrit Wagner, il a voulu peindre dans le finale de sa Symphonie une fête dionysiaque [41]. Je reconnais surtout dans cette fougueuse kermesse la marque de son hérédité flamande, de même que je retrouve son origine dans son audacieuse liberté de langage et de manières, qui détonne super- bernent dans le pays de la discipline et de l'obéissance. Nulle part plus de franchise et de libre puissance que dans la Symphonie en la. C'est une dépense folle d'énergies surhumaines, sans but, pour le plaisir, un plaisir de fleuve qui déborde et submerge. Dans la Huitième Symphonie, la force est moins grandiose, mais plus étrange encore, et plus caractéristique de l'homme, mêlant la tragédie à la farce, et une vigueur herculéenne à. des jeux et des caprices d'enfant [42].

1814 marque l'apogée de la fortune de Beethoven. Au Congrès de Vienne, il fut traité comme une gloire européenne. Il prit une part active aux fêtes. Les princes lui rendaient hommage ; et il se laissait fièrement faire la cour par eux, comme il s'en vantait à Schindler.

Il s'était enflammé pour la guerre d'indépendance [43]. En 1813, il écrivit une symphonie de la Victoire de Wellington, et, au commencement de 1814, un chœur guerrier : Renaissance de l'Allemagne (Germanias Wiedergeburt). Le 29 novembre 1814, il dirigea, devant un public de rois, une cantate patriotique : le Glorieux moment (Der glorreiche Augenblick), et il composa pour la prise de Paris, en 1815, un chœur : Tout est consommé ! (Es ist vollbracht !)

Ces œuvres de circonstance firent plus pour sa réputation que tout le reste de sa musique. La gravure de Blasius Hœfel, d'après un dessin du Français Letronne, et le masque farouche, moulé sur son visage par Franz Klein en 1812, donnent l'image vivante de Beethoven au temps du Congrès de Vienne. Le trait dominant de cette face de lion, aux mâchoires serrées, aux plis colères et douloureux, est la volonté,

—une volonté napoléonienne. On reconnaît l'homme, qui disait de Napoléon, après Iéna : « Quel malheur que je ne me connaisse pas à la guerre comme à la musique ! Je le battrais ! » — Mais son royaume n'était pas de ce monde. « Mon empire est dans l'air », comme il l'écrit à François de Brunswick. (Mein Reich ist in der Luft [44].)

* * *

À cette heure de gloire succède la période la plus triste et la plus misérable.

Vienne n'avait jamais été sympathique à Beethoven. Un génie fier et libre, comme le sien, ne pouvait se plaire dans cette ville factice, d'esprit mondain et médiocre, que Wagner a si durement marquée de son mépris [45] Il ne perdait aucune occasion de s'en éloigner ; et vers 1808, il avait songé sérieusement à quitter l'Autriche, pour venir à la cour de Jérôme Bonaparte, roi de Westphalie [46]. Mais Vienne était abondante en ressources musicales ; et il faut lui rendre cette justice, qu'il s'y trouva toujours de nobles dilettantes pour sentir la grandeur de Beethoven et pour épargner à leur patrie la honte de le perdre. En 1809, trois des plus riches seigneurs de Vienne : l'archiduc Rodolphe, élève de Beethoven, le prince Lobkowilz, et le prince Kinsky, s'étaient engagés à lui servir annuellement une pension de 4 000 florins, sous la seule condition qu'il resterait en Autriche : « Comme il est démontré, disaient-ils, que l'homme ne peut entièrement se vouer à son art qu'à la condition d'être libre de tout souci matériel, et que ce n'est qu'alors qu'il peut produire ces œuvres sublimes qui sont la gloire de l'art, les soussignés ont formé la résolution de mettre Ludwig van Beethoven à l'abri du besoin, et d'écarter ainsi les obstacles misérables qui pourraient s'opposer à l'essor de son génie. »

Malheureusement l'effet ne répondit pas aux promesses. Cette pension fut toujours fort inexactement payée ; bientôt elle cessa tout à fait de l'être. Vienne avait d'ailleurs changé de caractère après le Congrès de 1814. La société était distraite de l'art par la politique, le goût musical gâté par l'italianisme, et la mode, tout à Rossini, traitait Beethoven de pédant [47].

Les amis et les protecteurs de Beethoven se dispersèrent ou moururent : le prince Kinsky en 1812, Lichnowsky en 1814, Lobkowitz en 1816. Rasumowsky, pour qui il avait écrit ses admirables quatuors, op. 59, donna son dernier concert en février 1815. En 1815, Beethoven se brouille avec Stephan von Breuning, son ami d'enfance, le frère d'Éléonore [48]. Il est désormais seul [49] : « Je n'ai point d'amis et je suis seul au monde », écrit-il dans ses notes de 1816.

La surdité était devenue complète [50]. Depuis l'automne de 1815, il n'a plus de relations que par écrit avec le reste des hommes. Le plus ancien cahier de conversation est de 1816 [51]. On connaît le douloureux récit de Schindler sur la représentation de Fidelio en 1822.

« Beethoven demanda à diriger la répétition générale.... Dès le duetto du premier acte, il fut évident qu'il n'entendait rien de ce qui se passait sur la scène. Il retardait considérablement le mouvement ; et, tandis que l'orchestre suivait son bâton, les chanteurs pressaient pour leur compte. Il s'ensuivit une confusion générale. Le chef d'orchestre ordinaire, Umlauf, proposa un instant de repos, sans en donner la raison ; et, après quelques paroles échangées avec les chanteurs, on recommença. Le même désordre se produisit de nouveau. Il fallut faire une seconde pause. L'impossibilité de continuer sous la direction de Beethoven était évidente ; mais comment le lui faire comprendre ? Personne n'avait le cœur de lui dire : « Retire-toi, pauvre malheureux, tu ne peux pas diriger ». Beethoven, inquiet, agité, se tournait à droite et à gauche, s'efforçait de lire dans l'expression des différentes physionomies, et de comprendre d'où venait l'obstacle : de tous côtés, le silence. Tout à coup, il m'appela d'une façon impérieuse. Quand je fus près de lui, il me présenta son carnet et me fit signe d'écrire. Je traçai ces mots : « Je vous supplie de ne pas continuer ; je vous expliquerai à la maison pourquoi ». D'un bond, il sauta dans le parterre, me criant : « Sortons vite ! » Il courut d'un trait jusqu'à sa maison ; il entra et se laissa tomber inerte sur un divan, se couvrant le visage avec les deux mains ; il resta ainsi jusqu'à l'heure du repas. A table, il ne fut pas possible d'en tirer une parole ; il conservait l'expression de l'abattement et de la douleur la plus profonde. Après dîner, quand je voulus le laisser, il me retint, m'exprimant le désir de ne pas rester seul. Au moment de nous séparer, il me pria de l'accompagner chez son médecin, qui avait une grande réputation pour les maladies de l'oreille.... Dans toute la suite de mes rapports avec Beethoven, je ne trouve pas un jour qui puisse se comparer à ce jour fatal de novembre.... Il avait été frappé au cœur, et, jusqu'au jour de sa mort, il vécut sous l'impression de cette terrible scène [52]. »

Deux ans plus tard, le 7 mai 1824, dirigeant la Symphonie avec chœurs (ou plutôt, comme dit le programme, « prenant part à la direction du concert »), il n'entendait rien du fracas de toute la salle qui l'acclamait ; il ne parvenait à s'en douter, que lorsqu'une des chanteuses, le prenant par la main, le tournait du côté du public, et qu'il voyait soudain les auditeurs debout, agitant leurs chapeaux, et battant des mains. — Un voyageur anglais, Russel, qui le vit au piano, vers 1825, dit que quand il voulait jouer doucement, les touches ne résonnaient pas, et que cela était saisissant de suivre dans ce silence l'émotion qui l'animait, sur sa figure et ses doigts crispés.

Muré en lui-même [53] séparé du reste des hommes, il n'avait de consolation qu'en la nature. « Elle était sa seule confidente », dit Thérèse de Brunswick. Elle fut son refuge. Charles Neate, qui le connut en 1815, dit qu'il ne vit jamais personne qui aimât aussi parfaitement les fleurs, les nuages, la nature [54] : il semblait en vivre. — « Personne sur terre ne peut aimer la campagne autant que moi, écrit Beethoven.... J'aime un arbre plus qu'un homme.... » — Chaque jour, à Vienne, il faisait le tour des remparts. À la campagne, de l'aurore à la nuit, il se promenait seul, sans chapeau, sous le soleil, ou la pluie. « Tout-Puissant ! — Dans les bois je suis heureux, —heureux dans les bois — où chaque arbre parle par toi. — Dieu, quelle splendeur ! — Dans ces forêts, sur les collines,

— c'est le calme, — le calme pour te servir. »

Son inquiétude d'esprit y trouvait quelque répit [55]. Il était harcelé par les soucis d'argent. Il écrit en 1818 : « Je suis presque réduit à la mendicité, et je suis forcé d'avoir l'air de ne pas manquer du nécessaire ». Et ailleurs : « La sonate op. 106 a été écrite dans des circonstances pressantes. C'est une dure chose de travailler pour se procurer du pain. » Spohr dit que souvent il ne pouvait sortir, à cause de ses souliers troués. Il avait de fortes dettes envers ses éditeurs, et ses œuvres ne lui rapportaient rien. La Messe en ré, mise en souscription, recueillit sept souscripteurs (dont pas un musicien) [56]. Il recevait à peine trente ou quarante ducats pour ses admirables sonates, dont chacune lui coûtait trois mois de travail. Le prince Galitzin lui faisait composer ses quatuors, op. 127, 130, 132, ses œuvres les plus profondes peut-être et qui semblent écrites avec son sang ; il ne les lui payait pas. Beethoven se consumait dans des difficultés domestiques, dans des procès sans fin, afin d'obtenir les pensions qu'on lui devait, ou de conserver la tutelle d'un neveu, le fils de son frère Charles, mort de la phtisie en 1815. Il avait reporté sur cet enfant le besoin de dévouement dont son cœur débordait. Il se réservait là encore de cruelles souffrances. Il semble qu'une sorte de grâce d'état ait pris soin de renouveler sans cesse et d'accroître sa misère, pour que son génie ne manquât point d'aliments. — Il lui fallut d'abord disputer le petit Charles à la mère indigne, qui voulait le lui enlever :

« O mon Dieu, écrit-il, mon rempart, ma défense, mon seul refuge ! tu lis dans les profondeurs de mon âme, et tu sais les douleurs que j'éprouve, lorsqu'il faut que je fasse souffrir ceux qui veulent me disputer mon Charles, mon trésor [57] ! Entends-moi, Être que je ne sais comment nommer, exauce l'ardente prière de la plus malheureuse de tes créatures ! »

« O Dieu ! À mon secours ! Tu me vois abandonné de l'humanité entière, parce que je ne veux pas pactiser avec l'injustice ! Exauce la prière que je te fais, au moins pour l'avenir, de vivre avec mon Charles !... O sort cruel, destin implacable ! Non, non, mon malheur ne finira jamais ! »

Puis ce neveu, si passionnément aimé, se montra indigne de la confiance de son oncle. La correspondance de Beethoven avec lui est douloureuse et révoltée, comme celle de Michel-Ange avec ses frères, mais plus naïve et plus touchante :

« Dois-je encore une fois être payé par l'ingratitude la plus abominable ? Eh bien, si le lien doit être rompu entre nous, qu'il le soit ! tous les gens impartiaux qui le sauront te haïront.... Si le pacte qui nous lie te pèse, au nom de Dieu,

— qu'il en soit selon sa volonté ! — Je t'abandonne à la Providence ; j'ai fait tout ce que je pouvais ; je puis paraître devant le Juge Suprême [58].... »

« Gâté, comme tu es, cela ne te ferait pas de mal de tâcher enfin d'être simple et vrai ; mon cœur a trop souffert de ta conduite hypocrite à mon égard, et il m'est difficile d'oublier.... Dieu m'est témoin, je ne rêve que d'être à mille lieues de toi, et de ce triste frère, et de cette abominable famille.... — Je ne peux plus avoir confiance en toi. » Et il signe : « Malheureusement, ton père, — ou mieux, pas ton père [59] ».

Mais le pardon vient aussitôt :

« Mon cher fils ! — Pas un mot de plus, — viens dans mes bras, tu n'entendras aucune dure parole.... Je te recevrai avec le même amour. Ce qu'il y a à faire pour ton avenir, nous en parlerons amicalement. — Ma parole d'honneur, aucun reproche ! Ils ne serviraient plus à rien. Tu n'as plus à attendre de moi que la sollicitude et l'aide la plus aimante. — Viens —viens sur le cœur fidèle de ton père. — Beethoven. — Viens, aussitôt après le reçu de cette lettre, viens à la maison. » (Et sur l'adresse, en français : « Si vous ne viendrez pas, vous me tuerez sûrement [60]. »)

« Ne mens pas, supplie-t-il, reste toujours mon fils bien-aimé ! Quelle horrible dissonance, si tu me payais d'hypocrisie, comme on veut me le faire croire !... Adieu, celui qui ne t'a pas donné la vie, mais qui te l'a

certainement conservée et qui a pris tous les soins possibles de ton développement moral, avec une affection plus que paternelle, te prie du fond du cœur, de suivre le seul vrai chemin du bien et du juste. Ton fidèle bon père [61]. »

Après avoir caressé toutes sortes de rêves pour l'avenir de ce neveu, qui ne manquait pas d'intelligence et qu'il voulait diriger vers la carrière universitaire, Beethoven dut consentir à en faire un négociant. Mais Charles fréquentait les tripots, il faisait des dettes.

Par un triste phénomène, plus fréquent qu'on ne croit, la grandeur morale de son oncle, au lieu de lui faire du bien, lui faisait du mal, l'exaspérait, le poussait à la révolte, comme il le dit, dans ce terrible mot, où se montre à vif cette âme misérable : « Je suis devenu plus mauvais, parce que mon oncle voulait que je fusse meilleur ». Il en arriva, dans l'été de 1826, à se tirer un coup de pistolet dans la tête. Il n'en mourut pas ; mais ce fut Beethoven qui faillit en mourir : il ne se remit jamais de cette émotion affreuse [62]. Charles guérit : il vécut jusqu'à la fin pour faire souffrir son oncle, à la mort duquel il ne fut pas tout à fait étranger, et auprès duquel il ne fut pas à l'heure de la mort. — « Dieu ne m'a jamais abandonné », écrivait Beethoven à son neveu, quelques années avant. « Il se trouvera quelqu'un pour me fermer les yeux. » — Ce ne devait pas être celui qu'il appelait « son fils » [63].

* * *

C'est du fond de cet abîme de tristesse que Beethoven entreprit de célébrer la Joie.

C'était le projet de toute sa vie. Dès 1793, il y pensait, à Bonn [64]. Toute sa vie, il voulut chanter la Joie, et en faire le couronnement de l'une de ses grandes œuvres. Toute sa vie, il hésita à trouver la forme exacte de l'hymne, et l'œuvre où il pourrait lui donner place. Même dans sa Neuvième Symphonie, il était loin d'être décidé. Jusqu'au dernier instant, il fut sur le point de remettre l'Ode à la Joie à une dixième ou onzième symphonie. On doit bien remarquer que la Neuvième n'est pas intitulée, comme on dit : Symphonie avec chœurs, mais Symphonie avec un chœur final sur l'Ode à la Joie. Elle pouvait, elle a failli avoir une autre conclusion. En juillet 1823, Beethoven pensait encore à lui donner un finale instrumental, qu'il employa ensuite dans le quatuor op. 132. Czerny et Sonnleithner assurent même qu'après l'exécution (mai 1824), Beethoven n'avait pas abandonné cette idée.

Il y avait, à l'introduction du chœur dans une symphonie, de grandes difficultés techniques que nous attestent les cahiers de Beethoven et ses nombreux essais pour faire entrer les voix autrement, et à un autre moment de l'œuvre. Dans les esquisses de la deuxième mélodie de l'adagio [65], il a écrit : « Peut-être le chœur entrerait-il convenablement ici ». Mais il ne pouvait se décider à se séparer de son fidèle orchestre. « Quand une idée me vient, disait-il, je l'entends dans un instrument, jamais dans les voix. » Aussi recule-t-il le plus possible le moment d'employer les voix ; et il va jusqu'à donner d'abord aux instruments, non seulement les récitatifs du finale [66], mais le thème même de la Joie.

Mais il faut aller plus avant encore dans l'explication de ces hésitations et de ces retards : la cause en est plus profonde. Ce malheureux homme, toujours tourmenté par le chagrin, a toujours aspiré à chanter l'excellence de la Joie ; et, d'année en année, il remettait sa tâche, sans cesse repris par le tourbillon de ses passions et par sa mélancolie. Ce n'est qu'au dernier jour qu'il y est parvenu. Mais avec quelle grandeur !

Au moment où le thème de la Joie va paraître pour la première fois, l'orchestre s'arrête brusquement ; il se fait un soudain silence : ce qui donne à l'entrée du chant un caractère mystérieux et divin. Et cela est vrai : ce thème est proprement un dieu. La Joie descend du ciel, enveloppée d'un calme surnaturel : de son souffle léger elle caresse les souffrances ; et la première impression qu'elle fait est si tendre, quand elle se glisse dans le cœur convalescent, qu'ainsi que cet ami de Beethoven, « on a envie de pleurer, en voyant ses doux yeux ». Lorsque le thème passe ensuite dans les voix, c'est à la basse qu'il se présente d'abord, avec un caractère sérieux et un peu oppressé. Mais peu à peu la Joie s'empare de l'être. C'est une conquête, une guerre contre la douleur. Et voici les rythmes de marche, les armées en mouvement, le chant ardent et haletant du ténor, toutes ces pages frémissantes, où l'on croit entendre le souffle de Beethoven lui-même, le rythme de sa respiration et de ses cris inspirés, tandis qu'il parcourait les champs, en composant son œuvre, transporté d'une fureur démoniaque, comme un vieux roi Lear au milieu de l'orage. A la joie guerrière succède l'extase religieuse ; puis une orgie sacrée, un délire d'amour. Toute une humanité frémissante tend les bras au ciel, pousse des clameurs puissantes, s'élance vers la Joie, et l'étreint sur son cœur.

L'œuvre du Titan eut raison de la médiocrité publique. La frivolité de Vienne en fut un instant ébranlée ; elle était tout à Rossini, et aux opéras italiens. Beethoven, humilié et attristé, allait s'établir à Londres, et pensait y faire exécuter la Neuvième Symphonie. Une seconde fois, comme en 1809, quelques nobles amis lui portèrent une supplique, pour qu'il ne quittât pas la patrie. « Nous savons, disaient-ils, que vous avez écrit une nouvelle composition de musique sacrée [67], où vous avez exprimé les sentiments que vous inspire votre foi profonde. La lumière surnaturelle qui pénètre votre grande âme l'illumine. Nous savons d'autre part que la couronne de vos grandes symphonies s'est augmentée d'une fleur immortelle.... Votre absence, pendant ces dernières années, affligeait tous ceux qui avaient les yeux tournés vers vous [68]. Tous pensaient avec tristesse que l'homme de génie, placé si haut parmi les vivants, restait silencieux, tandis qu'un genre de musique étrangère cherchait à se transplanter sur notre terre, faisant tomber dans l'oubli les productions de l'art allemand.... De vous seul la nation attend une nouvelle vie, de nouveaux lauriers, et un nouveau règne du vrai et du beau, en dépit de la mode du jour.... Donnez-nous l'espoir de voir bientôt nos désirs satisfaits.... Et puisse le printemps qui vient, refleurir doublement, grâce à vos dons, pour nous et pour le monde [69] » Cette généreuse adresse montre quelle était la puissance non seulement artistique, mais morale, dont Beethoven jouissait sur l'élite de l'Allemagne. Le premier mot qui s'offre à ses admirateurs pour louer son génie n'est pas celui de science, ni d'art : c'est celui de foi [70].

Beethoven fut profondément ému par ces paroles. Il resta. Le 7 mai 1824, eut lieu à Vienne la première audition de la Messe en ré et de la Neuvième Symphonie. Le succès fut triomphal, et prit même un caractère presque séditieux. Quand Beethoven parut, il fut accueilli par cinq salves d'applaudissements ; la coutume, dans ce pays de l'étiquette, était de n'en faire que trois pour l'entrée de la famille impériale. La police dut mettre fin aux manifestations. La symphonie souleva un enthousiasme frénétique. Beaucoup pleuraient. Beethoven s'évanouit d'émotion après le concert ; on le porta chez Schindler ; il y resta assoupi, tout habillé, sans manger ni boire, toute la nuit et le matin suivant. Le triomphe fut passager, et le résultat pratique en fut nul pour Beethoven. Le concert ne rapporta rien. La gêne matérielle de sa vie n'en fut point changée. Il se retrouva pauvre, malade [71], solitaire, — mais vainqueur [72] : — vainqueur de la médiocrité des hommes, vainqueur de son propre destin, vainqueur de sa souffrance.

« Sacrifie, sacrifie toujours les niaiseries de la vie à ton art ! Dieu par-dessus tout ! » (O Gott über alles !).

Il s'est donc emparé de l'objet de toute sa vie. Il a saisi la Joie.
— Saura-t-il rester à ce sommet de l'âme, qui domine les
tempêtes ? —Certes, il dut retomber bien des jours dans les
anciennes angoisses. Certes, ses derniers quatuors sont
pleins d'ombres étranges. Pourtant il semble que la victoire
de la Neuvième Symphonie ait laissé en lui sa glorieuse
marque. Les projets qu'il a pour l'avenir [73] : la Dixième
Symphonie [74], l'Ouverture sur le nom de Bach, la
musique pour la Mélusine de Grillparzer [75], pour
l'Odysseus de Kürner et le Faust, de Gœthe [76], l'oratorio
biblique sur Saül et David, montrent son esprit attiré vers la
sérénité puissante des grands vieux maîtres allemands : de
Bach et de Hændel, — et, plus encore, vers la lumière du
Midi, vers le Sud de la France, ou vers cette Italie qu'il rêvait
de parcourir [77].

Le docteur Spiller, qui le vit en 1826, dit que sa figure était
devenue joyeuse et joviale. La même année, quand
Grillparzer lui parle pour la dernière fois, c'est Beethoven
qui rend de l'énergie au poète accablé : « Ah ! dit celui-ci, si
j'avais la millième partie de votre force et de votre fermeté !
» Les temps sont durs ; la réaction monarchique opprime
les esprits. « La censure m'a tué, gémit Grillparzer. Il faut
partir pour l'Amérique du Nord, si l'on veut parler, penser
librement. » Mais nul pouvoir ne pouvait bâillonner la
pensée de Beethoven. « Les mots sont enchaînés ; mais les
sons par bonheur sont encore libres », lui écrit le poète
Kuffner. Beethoven est la grande voix libre, la seule peut-

être alors de la pensée allemande. Il le sentait. Souvent il parle du devoir qui lui était imposé d'agir, au moyen de son art, « pour la pauvre humanité », pour « l'humanité à venir» (der künftigen Menschheit), de lui faire du bien, de lui rendre courage, de secouer son sommeil, de flageller sa lâcheté. « Notre temps, écrivait-il à son neveu, a besoin de robustes esprits pour fouailler ces misérables gueuses d'âmes humaines. » Le docteur Müller dit, en 1827, que « Beethoven s'exprimait toujours librement sur le gouvernement, sur la police, sur l'aristocratie, même en public. La police le savait, mais elle tolérait ses critiques et ses satires comme des rêveries inoffensives ; et elle laissait en repos l'homme dont le génie avait un extraordinaire éclat [78] ».

Ainsi rien n'était capable de plier cette force indomptable. Elle semble se faire un jeu maintenant de la douleur. La musique écrite dans ces dernières années, malgré les circonstances pénibles où elle fut composée [79], a souvent un caractère tout nouveau d'ironie, de mépris héroïque et joyeux. Quatre mois avant sa mort, le dernier morceau qu'il termine, en novembre 1826, le nouveau finale au quatuor op. 130, est très gai. À la vérité, cette gaîté n'est pas celle de tout le monde. Tantôt c'est le rire âpre et saccadé dont parle Moscheles ; tantôt le sourire émouvant, fait de tant de souffrances vaincues. N'importe, il est vainqueur. Il ne croit pas à la mort.

Elle venait cependant. À la fin de novembre 1826, il prit un refroidissement pleurétique ; il tomba malade à Vienne, au retour d'un voyage entrepris en hiver pour assurer l'avenir de son neveu [80]. Ses amis étaient loin. Il chargea son neveu de lui chercher un médecin. Le misérable oublia la commission, ne s'en souvint que deux jours après. Le médecin vint trop tard et soigna mal Beethoven. Trois mois, sa constitution athlétique lutta contre le mal. Le 3 janvier 1827, il institua son bien-aimé neveu, légataire universel. Il pensa à ses chers amis du Rhin ; il écrivit encore à Wegeler :

«... Combien je voudrais te parler ! mais je suis trop faible. Je ne puis plus rien que t'embrasser dans mon cœur, toi et ta Lorchen. » La misère eût assombri ses derniers instants sans la générosité de quelques amis anglais. Il était devenu très doux et très patient [81]. Sur son lit d'agonie, le 17 février 1827, après trois opérations, attendant la quatrième [82], il écrit avec sérénité : « Je prends patience et je pense : Tout mal amène avec lui quelque bien. »

Le bien fut la délivrance, « la fin de la comédie », comme il dit en mourant, — disons : de la tragédie de sa vie.
Il mourut pendant un orage, — une tempête de neige, — dans un éclat de tonnerre. Une main étrangère lui ferma les yeux [83] (26 mars 1827).

* * *

Cher Beethoven ! Assez d'autres ont loué sa grandeur artistique. Mais il est bien davantageque le premier des musiciens. Il est la force la plus héroïque de l'art moderne. Il est le plus grand et le meilleur ami de ceux qui souffrent et qui luttent. Quand nous sommes attristés par les misères du monde, il est celui qui vient auprès de nous, comme il venait s'asseoir au piano d'une mère en deuil, et, sans une parole, consolait celle qui pleurait, au chant de sa plainte résignée. Et quand la fatigue nous prend de l'éternel combat inutilement livré contre la médiocrité des vices et des vertus, c'est un bien indicible de se retremper dans cet océan de volonté et de foi. Il se dégage de lui une contagion de vaillance, un bonheur de la lutte [84] l'ivresse d'une conscience qui sent en elle un Dieu. Il semble que dans sa communion de tous les instants avec la nature [85], il ait fini par s'en assimiler les énergies profondes. Grillparzer, qui admirait Beethoven avec une sorte de crainte, dit de lui : « Il alla jusqu'au point redoutable où l'art se fond avec les éléments sauvages et capricieux. » Schumann écrit de même de la Symphonie en ut mineur : « Si souvent qu'on l'entende, elle exerce sur nous une puissance invariable, comme ces phénomènes de la nature, qui, si fréquemment qu'ils se reproduisent, nous remplissent toujours de crainte et d'étonnement ». Et Schindler, son confident : « Il s'empara de l'esprit de la nature ». — Cela est vrai : Beethoven est une force de la nature ; et c'est un spectacle d'une grandeur homérique, que ce combat d'une puissance élémentaire contre le reste de la nature.

Toute sa vie est pareille à une journée d'orage. — Au commencement, un jeune matin limpide. A peine quelques souffles de langueur. Mais déjà, dans l'air immobile, une secrète menace, un lourd pressentiment. Brusquement, les grandes ombres passent, les grondements tragiques, les silences bourdonnants et redoutables, les coups de vent furieux de l'Héroïque et de l'Ut mineur. Cependant la pureté du jour n'en est pas encore atteinte. La joie reste la joie ; la tristesse garde toujours un espoir. Mais, après 1810, l'équilibre de l'âme se rompt. La lumière devient étrange. Des pensées les plus claires, on voit comme des vapeurs monter ; elles se dissipent ; elles se reforment ; elles obscurcissent le cœur de leur trouble mélancolique et capricieux ; souvent l'idée musicale semble disparaître tout entière, noyée, après avoir une ou deux fois émergé de la brume ; elle ne ressort, à la fin du morceau, que par une bourrasque. La gaîté même a pris un caractère âpre et sauvage. Une fièvre, un poison se mêle à tous les sentiments [86] L'orage s'amasse, à mesure que le soir descend. Et voici les lourdes nuées gonflées d'éclairs, noires de nuit, grosses de tempêtes, du commencement de la Neuvième. — Soudain, au plus fort de l'ouragan, les ténèbres se déchirent, la nuit est chassée du ciel, et la sérénité du jour rendue par un acte de volonté.

Quelle conquête vaut celle-ci, quelle bataille de Bonaparte, quel soleil d'Austerlitz atteignent à la gloire de cet effort surhumain, de cette victoire, la plus éclatante qu'ait jamais remportée l'Esprit : un malheureux, pauvre, infirme, solitaire, la douleur faite homme, à qui le monde refuse la joie, crée la Joie lui-même pour la donner au monde. Il la forge avec sa misère, comme il l'a dit en une fière parole, où se résume sa vie, et qui est la devise de toute âme héroïque :

« La Joie par la Souffrance. » Durch Leiden Freude.

(À la comtesse Erdödy, 19 octobre 1815.)

NOTES

1.   J. Russel (1822). — Charles Czerny, enfant, qui le vit en 1801, avec une barbe de plusieurs jours et une crinière sauvage, vêtu d'un veston et d'un pantalon en poil de chèvre, crut rencontrer Robinson Crusoé.

2.   Note du peintre Kloeber, qui fit son portrait vers 1818.

3.   « Ses beaux yeux parlants, dit le docteur W.-C. Müller, tantôt gracieux et tendres, tantôt égarés, menaçants et terribles » (1820).

4.   Kloeber dit : « d'Ossian ». Tous ces détails sont empruntés aux notes d'amis de Beethoven, ou de voyageurs qui le virent, — tels que Czerny, Moscheles, Kloeber, Daniel Amadeus Atterbohm, W.-C. Muller, J. Russel, Julius Benedict, Rochlitz, etc.

5.   Le grand-père Ludwig, l'homme le plus remarquable de la famille, celui à qui Beethoven ressemblait le plus, était né à Anvers, et ne s'établit que vers sa vingtième année à Bonn, où il devint maître de chapelle du prince-électeur. — Il ne faut pas oublier ce fait, si l'on veut comprendre l'indépendance fougueuse de la nature de Beethoven, et tant de traits de son caractère qui ne sont pas proprement allemands.

6.   Lettre au docteur Schade, à Augsbourg, 15 septembre 1787 (Nohl, Lettres de Beethoven, II).

7.	Il disait plus tard (en 1816) : « C'est un pauvre homme, celui qui ne sait pas mourir ! Quand je n'avais que quinze ans, je le savais déjà. »

8.	Nous citons aux textes quelques-unes de ces lettres. Beethoven trouva aussi un ami et un guide en l'excellent Christian-Gottlob Neefe, son maître, dont la noblesse morale n'eut pas moins d'influence sur lui que la largeur de son intelligence artistique.

9.	A Wegeler, 29 juin 1801 (Nohl, XIV).

10. Il y avait déjà fait un court voyage, au printemps de 1787. Il vit alors Mozart, qui semble avoir fait peu attention à lui. Haydn, dont il avait fait la connaissance à Bonn, en décembre 1790, lui donna quelques leçons. Beethoven prit aussi pour maîtres Albrechtsberger et Salieri. Le premier lui enseigna le contrepoint et la fugue ; le second lui apprit à écrire pour la voix.

11.	Il débutait à peine. Son premier concert à Vienne comme pianiste, eut lieu le 30 mars 1795.

12. A Wegeler, 29 juin 1801 (Nohl, XIV).

« Aucun de mes amis ne doit manquer de rien, tant que j'ai quelque chose », — écrit-il à Ries, vers 1801 (Nohl, XXIV).

13. Dans le Testament de 1802, Beethoven dit qu'il y a six ans que le mal a commencé, — soit, par conséquent, en 1796. — Remarquons en passant que, dans le catalogue de ses œuvres, l'op. 1 seul (trois trios) est antérieur à 1796. L'op. 2, les trois premières sonates pour piano, paraissent en mars 1796. On peut donc dire que l'œuvre entier de Beethoven est de Beethoven sourd.

Voir sur la surdité de Beethoven un article du Dr Klotz-Forest, dans la Chronique.

14. Nohl, Lettres de Beethoven, XIII.

15. Nohl, Lettres de Beethoven, XIV. (Voir les textes.)

16. À Wegeler, 16 novembre 1801 (Nohl, XVIII).

17. Elle ne craignit pas, dans la suite, d'exploiter l'ancien amour de Beethoven, en faveur de son mari. Beethoven secourut Gallenberg. « Il était mon ennemi : c'était justement la raison pour que je lui fisse tout le bien possible », dit-il à Schindler, dans un de ses cahiers de conversation de 1821. Mais il l'en méprisa davantage. « Arrivée à Vienne, écrit-il en français, elle cherchait moi, pleurant, mais je la méprisais. »

18. 6 octobre 1802 (Nohl, XXVI). Voir aux textes.

19. « Recommandez à vos enfants la vertu ; elle seule peut rendre heureux, non l'argent. Je parle par expérience. C'est elle qui m'a soutenu dans ma misère ; c'est à elle que je dois, ainsi qu'à mon art, de n'avoir pas terminé ma vie par le suicide. » Et dans une autre lettre, du 2 mai 1810, à Wegeler : « Si je n'avais pas lu quelque part que l'homme ne doit pas se séparer volontairement de la vie, aussi longtemps qu'il peut encore accomplir une bonne action, depuis longtemps je ne serais plus — et sans doute par mon propre fait. »

20. A Wegeler (Nohl, XVIII).

21. La miniature de Hornemann, qui est de 1802, montre Beethoven mis à la mode de l'époque, avec des favoris, les cheveux à la Titus, l'air fatal d'un héros byronien, mais cette tension de volonté napoléonienne, qui ne désarme jamais.

22. On sait que la Symphonie héroïque fut écrite pour et sur Bonaparte, et que le premier manuscrit porte encore le titre : Buonaparte. Sur ces entrefaites, Beethoven apprit le couronnement de Napoléon. Il entra en fureur : « Ce n'est donc qu'un homme ordinaire ! » cria-t-il ; et dans son indignation, il déchira la dédicace, et écrivit ce titre vengeur et touchant a la fois : « Symphonie héroïque... pour célébrer le souvenir d'un grand Homme. » (Sinfonia eroica... composta per festeggiare il sovvenire di un grand Uomo.) Schindler raconte que dans la suite, il se départit un peu de son mépris pour Napoléon ; il ne vit plus en lui qu'un malheureux digne de compassion, un Icare précipité du ciel. Quand il apprit la catastrophe de Sainte-Hélène, en 1821, il dit : « Il y a dix sept ans que j'ai écrit la musique qui convient à ce triste événement. » Il se plaisait a reconnaître dans la Marche funèbre de sa symphonie un pressentiment de fin tragique.

23. Robert de Keudell, ancien ambassadeur d'Allemagne à Rome : Bismarck et sa famille, 1901, traduction française de E.-B. Lang.

Robert de Keudell joua cette sonate à Bismarck, sur un mauvais piano, le 30 octobre 1870, à Versailles. Bismarck disait de la dernière phrase de l'œuvre : « Ce sont les luttes et les sanglots de toute une vie. » Il préférait Beethoven à tout autre musicien, et, plus d'une fois, affirma : « Beethoven convient le mieux à mes nerfs. »

24. La maison de Beethoven était sise près des fortifications de Vienne, que Napoléon fit sauter après la prise de la ville. « Quelle vie sauvage, que de ruines autour

de moi ! — écrit Beethoven aux éditeurs Breitkopf et Haertel, le 26 juin 1809 ; — rien que tambours, trompettes, misères de toute sorte ! Un portrait de Beethoven, à cette époque, nous a été laissé par un Français qui le vit à Vienne, en 1809 : le baron de Trémon, auditeur au Conseil d'État. Il fait une description pittoresque du désordre qui régnait dans l'appartement de Beethoven. Ils causèrent ensemble de philosophie, de religion, de politique, « et surtout de Shakespeare, son idole ». Beetnoven était assez disposé à suivre Trémont à Paris, où il savait que le Conservatoire exécutait déjà ses symphonies, et où il avait des admirateurs enthousiastes. — (Voir, dans le Mercure musical du 1er mai 1906, Une visite à Beethoven, par le baron de Trémont ; publié par J. Chantavoine.)

25. Ou plus exactement, Thérèse Brunsvik. Beethoven avait fait la connaissance des Brunsvik à Vienne, entre 1796 et 1799. Giulietta Guicciardi était la cousine de Thérèse. Beethoven semble s'être épris aussi, pendant un temps, d'une sœur de Thérèse, Joséphine, qui épousa le comte Deym, puis en secondes noces le baron Stackelberg. — On trouvera les détails les plus vivants sur la famille Brunsvik dans un article de M. André de Hevesy : Beethoven et l'Immortelle Bien-aimée (Revue de Paris, 1er et 15 mars 1910). M. de Hevesy a utilisé, pour cette étude, les Mémoires manuscrits et les papiers de Thérèse, conservés à Mártonvàsàr en Hongrie. Tout en montrant l'intimité affectueuse de Beethoven avec les Brunsvik, il remet en question son amour pour Thérèse. Mais ses arguments ne

semblent pas convaincants ; et je me réserve de les discuter, quelque jour.

26. Mariam Tenger : Beethoven's unsterbliche Geliebte, Bonn, 1890.

27. C'est l'air admirable qui figure dans l'Album de la femme de J.-S. Bach, Anna Magdalena (1725), sous le titre : Aria di Giovannini. On a discuté son attribution à J.-S. Bach.

28. Nohl, Vie de Beethoven.

29. Beethoven était myope, en effet. Ignaz von Seyfried dit que sa faiblesse de vue avait été causée par la petite vérole, et qu'elle l'obligeait, tout jeune, à porter des lunettes. La myopie devait contribuer au caractère égaré de ses yeux. Ses lettres de 1823-1824 contiennent des plaintes fréquentes au sujet de ses yeux.

30. La musique de scène pour l'Egmont de Gœthe fut commencée en 1809 — Beethoven eût voulu écrire aussi la musique de Guillaume Tell ; mais on lui préféra Gyrowetz.

31. Conversation avec Schindler.

32. Mais écrite, à ce qu'il semble, à Korompa, chez les Brunsvik.

33. Nohl, Lettres de Beethoven, XV.

34. Ce portrait se trouve encore aujourd'hui dans la maison de Beethoven, à Bonn. Il

est reproduit dans la Vie de Beethoven par Frimmel, p. 29, et dans le Musical Times du 15 décembre 1892.

35. A Gleichenstein (Nohl, Neue Briefe Beethovens, XXXI).

36. « Le cœur est le levier de tout ce qu'il y a de grand ». (À Giannatasio del Rio. — Nohl, CLXXX.)

37. « Les poésies de Gœthe me rendent heureux », écrit-il à Bettina Brentano, le 19 février 1811. Et ailleurs :
« Gœthe et Schiller sont mes poètes préférés, avec Ossian et Homère, que je ne puis malheureusement lire que dans des traductions. » (A Breitkopf et Haertel, 8 août 1809. — Nohl, Neue Briefe, LIII.)

Il est à remarquer combien, malgré son éducation négligée, le goût littéraire de Beethoven était sûr. En dehors de Gœthe, dont il a dit qu'il lui semblait « grand, majestueux, toujours en ré majeur », et au-dessus de Gœthe, il aimait trois hommes : Homère, Plutarque et Shakespeare. D'Homère, il préférait l'Odyssée. Il lisait continuellement Shakespeare dans la traduction allemande, et l'on sait avec quelle grandeur tragique il a traduit en musique Coriolan et la Tempête. Quant à Plutarque, il s'en nourrissait, comme les hommes de la Révolution. Brutus était son héros, ainsi qu'il fut celui de Michel Ange ; il avait sa statuette dans sa chambre. Il aimait Platon, et rêvait d'établir sa République dans le monde entier. «Socrate et Jésus ont été mes modèles», a-t-il dit quelque part. (Conversations de 1819-20.)

38. À Bettina von Arnim (Nohl, XCI). — L'authenticité des lettres de Beethoven à Bettina, mise en doute par Schindler, a été défendue par Mortiz Carriere, Nohl et Kalischer. Bettina a dû les « embellir » un peu ; mais le fond paraît exact.

39. « Beethoven, disait Gœthe à Zelter, est malheureusement une personnalité tout à fait indomptée ; il n'a sans doute pas tort de trouver le monde détestable ; mais ce n'est pas le moyen de le rendre agréable pour lui et

pour les autres. Il faut l'excuser et le plaindre, car il est sourd. » — Il ne fit rien dans la suite contre Beethoven, mais il ne fit rien pour lui : silence complet sur son œuvre, et jusque sur son nom. — Au fond, il admirait, mais redoutait sa musique : elle le troublait ; il craignait qu'elle ne lui fît perdre le calme de l'âme, qu'il avait conquis au prix de tant de peines, et qui, contre l'opinion courante, ne lui était rien moins que naturel. Il ne l'avouait pas aux autres, ni peut-être à soi-même. — Une lettre du jeune Félix Mendelssohn, qui passa par Weimar en 1830, fait pénétrer innocemment dans les profondeurs de cette âme trouble et passionnée (leidenschaftlicher Sturm una Verworrenheit, comme Gœthe disai lui-même).

40. Lettre de Gœthe à Zelter, 2 septembre 1812. — Zelter à Gœthe, 14 septembre 1812 : «Auch ich bewundere ihn mit Schrecken. » « Moi aussi, je l'admire avec effroi ». — Zelter écrit en 1819 à Gœthe : « On dit qu'il est fou »

41. C'est, en tout cas, un sujet auquel Beethoven a pensé : car nous le trouvons dans ses notes, et, particulièrement, dans ses projets d'une Dixième Symphonie.

42. Contemporaine, et peut-être inspiratrice, parfois, de ces œuvres est son intimité très tendre avec la jeune cantatrice berlinoise Amalie Sebald, qu'il connut à Teplitz, en 1811 et 1812.

43. Bien différent de lui en ceci, Schubert avait écrit en 1807 une œuvre de circonstance, « en l'honneur de Napoléon le Grand », et en dirigea lui-même l'exécution devant l'Empereur.

44. « Je ne vous dis rien de nos monarques et de leurs monarchies », écrit-il à Kauka pendant le Congrès de Vienne. « Pour moi, l'empire de l'esprit est le plus cher de tous : c'est le premier de tous les royaumes temporels et spirituels. » (Mir ist das geistige Reich das Liebste, und der Oberste aller geistlichen und welilichen Monarchien.)
45. Vienne, n'est-ce point tout dire ? — Toute trace du protestantisme allemand effacée ; même l'accent national, perdu, italianisé. L'esprit allemand, les manières et les mœurs allemandes, expliquées par des manuels de provenance italienne et espagnole.... Le pays d'une histoire falsifiée, d'une science falsifiée, d'une religion falsifiée.... Un scepticisme frivole, qui devait ruiner et ensevelir l'amour de la vérité, et de l'honneur, et de l'indépendance !... (Wagner, Beethoven, 1870.) Grillparzer a écrit que c'était un malheur d'être né Autrichien. Les grands compositeurs allemands de la fin du XIXe siècle, qui ont vécu à Vienne, ont cruellement souffert de l'esprit de cette ville livrée au culte pharisien de Brahms. La vie de Bruckner y fut un long martyre. Hugo Wolf, qui se débattit furieusement, avant de succomber, a exprimé sur Vienne des jugements implacables.
46. Le roi Jérôme avait offert à Beethoven un traitement de six cents ducats d'or, sa vie durant, et une indemnité de voyage de cent cinquante ducats d'argent, contre l'unique engagement de jouer quelquefois devant lui, et de diriger ses concerts de musique de chambre, qui ne devaient être ni longs, ni fréquents. (Nohl, XLI X.) Beethoven fut tout près de partir.

47. Le Tancrède de Rossini suffit à ébranler tout l'édifice de la musique allemande. 48. La même année, Beethoven perdit son frère Carl : « Il tenait beaucoup à la vie, autant que je perdrais volontiers la mienne », écrivait-il à Antonia Brentano.

49. À part sa touchante amitié avec la comtesse Maria von Erdödy, toujours souffrante comme lui, atteinte d'un mal incurable, et qui perdit subitement en 1816 son fils unique. Beethoven lui dédia, en 1819, ses deux trios, op. 70, et en 1815-1817, ses deux grandes sonates pour violoncelle, op. 102.

50. En dehors de la surdité, sa santé empirait de jour en jour. Depuis octobre 1816, il était très malade d'un catarrhe inflammatoire. Pendant l'été de 1817, son médecin lui dit que c'était une maladie de poitrine. Dans l'hiver 1817-1818, il se tourmenta de cette soi-disant phtisie. Puis ce furent des rhumatismes aigus en 1820-1821, une jaunisse en 1821, une conjonctivite en 1823.

51. Remarquer que de cette année date, dans sa musique un changement de style, inauguré par la sonate op. 101.

Les cahiers de conversation de Beethoven, formant plus de 11000 pages manuscrites, se trouvent réunis aujourd'hui a la Bibliothèque royale de Berlin.

52. Schindler, qui devint l'intime de Beethoven, depuis 1819, était entré en relations avec lui dès 1814 ; mais Beethoven avait eu la plus grande peine à lui accorder son amitié ; il le traitait d'abord avec une hauteur méprisante.

53. Voir les admirables pages de Wagner sur la surdité de Beethoven. (Beethoven, 1870.)

54. Il aimait les bêtes et avait pitié d'elles. La mère de l'historien von Frimmel racontait qu'elle avait conservé longtemps une haine involontaire pour Beethoven, parce que, quand elle était petite fille, il chassait avec son mouchoir tous les papillons qu'elle voulait prendre.

55. Il se trouvait toujours mal logé. En trente-cinq ans, il changea trente fois d'appartement, à Vienne.

56. Beethoven s'était adressé personnellement à Cherubini, qui était « de ses contemporains celui qu'il estimait le plus ». (Nohl, Lettres de Beethoven, CCL.) Cherubini ne répondit pas.

57. « Je ne me venge jamais, écrit-il ailleurs à Mme Streicher. Quand je suis obligé d'agir contre d'autres hommes, je ne fais que le strict nécessaire pour me défendre, ou pour les empêcher de faire le mal. »

58. Nohl, CCCXLIII.

59. Nohl, CCCXIV.

60. Nohl, CCCLXX.

61. Nohl, CCCLXII-LXVII. Une lettre, que vient de retrouver à Berlin M. Kalischer, montre avec quelle passion Beethoven voulait faire de son neveu « un citoyen utile à l'État » (1er février 1819).

62. Schindler, qui le vit alors, dit qu'il devint, subitement, comme un vieillard de soixante-dix ans, brisé, sans force, sans volonté. Il serait mort, si Charles était mort. — Il mourut peu de mois après.

63. Le dilettantisme de notre temps n'a pas manqué de chercher à réhabiliter ce drôle. Cela ne peut surprendre.

64. Lettre de Fischenich à Charlotte Schiller (janvier 1793). L'ode de Schiller avait été écrite en 1785. — Le thème actuel apparaît en 1808, dans la Fantaisie pour piano, orchestre et chœur, op. 80, et en 1810, dans le Lied, sur des paroles de Gœthe : Kleine Blumen, kleine Blaetter. — J'ai vu dans un cahier de notes de 1812, appartenant au Dr Erich Prieger, à Bonn, entre les esquisses de la Septième Symphonie et un projet d'ouverture de Macbeth, un essai d'adaptation des paroles de Schiller au thème qu'il utilisa plus tard dans l'ouverture op. 115 (Namensfeier).

— Quelques-uns des motifs instrumentaux de la Neuvième Symphonie se montrent avant 1815. Enfin, le thème définitif de la Joie est noté en 1822, ainsi que tous les autres airs de la Symphonie, sauf le trio, qui vient peu après, puis l'andante moderato, et enfin l'adagio, qui parait le dernier. Sur le poème de Schiller, et sur la fausse interprétation qu'on en a voulu donner, de notre temps, en substituant au mot Freude (Joie) le mot Freiheit (Liberté), voir un article de Charles Andler dans Pages Libres (8 juillet 1905).

65. Bibliothèque de Berlin.

66. Also ganz so als ständen Worte darunter. (« Tout à fait comme s'il y avait des paroles dessous. »)

67. La Messe en ré, op. 123.

68. Beethoven, harassé par les tracas domestiques, la misère, les soucis de tout genre, n'écrivit en cinq ans, de 1816 à 1821, que trois œuvres pour piano (op. 101, 102, 106). Ses ennemis le disaient épuisé. Il se remit au travail en 1821.

69. Février 1824. Signèrent : prince C. Lichnowski, comte Maurice Lichnowski, comte Maurice de Fries, comte M. de Dietrichstein, comte F. de Palfy, comte Czernin, Ignace Edler de Mosel, Charles Czerny, abbé Stadler, A. Diabelli, Artaria et C., Steiner et C., A. Streicher, Zmeskall, Kiesewetter, etc.

70. « Mon caractère moral est reconnu publiquement », — dit fièrement Beethoven à la municipalité de Vienne, le 1er février 1819, pour revendiquer son droit de tutelle sur son neveu. « Même des écrivains distingués, comme Weissenbach, ont jugé qu'il valait la peine de lui consacrer des écrits. »

71. En août 1824, il était hanté de la crainte de mourir brusquement d'une attaque, « comme mon cher grand-père, avec qui j'ai tant de ressemblance », écrit-il, le 16 août 1824, au docteur Bach. Il souffrait beaucoup de l'estomac. Il fut très mal pendant l'hiver de 1824-1825.

En mai 1825, il eut des crachements de sang, et des saignements de nez. Le 9 juin 1825, il écrit à son neveu : « Ma faiblesse touche souvent à l'extrême.... L'homme à la faux ne tardera pas à venir. »

72. La Neuvième Symphonie fut exécutée pour la première fois, en Allemagne, à Francfort, le 1er avril 1825 ; à Londres, dès le 25 mars 1825 ; à Paris, au Conservatoire, le 27 mars 1831. Mendelssohn, âgé de dix-sept ans, en donna une audition sur le piano, à la Jaegerhalle de Berlin, le 14 novembre 1826. Wagner, étudiant à Leipzig, la recopia tout entière de sa main ; et, dans une lettre du 6 octobre 1830 à l'éditeur Schott, il lui offre une réduction de la symphonie,

pour piano à deux mains. On peut dire que la Neuvième Symphonie décida de la vie de Wagner.

73. « Apollon et les Muses ne voudront pas me livrer déjà à la mort ; car je leur dois tant encore ! Il faut qu'avant mon départ pour les Champs-Élysées, je laisse après moi ce que l'Esprit m'inspire et me dit d'achever. Il me semble que j'ai à peine écrit quelques notes. » (Aux frères Schott, 17 septembre 1824. — Nohl, Neue Briefe, CCLXXII.)

74. Beethoven écrit à Moscheles, le 18 mars 1827 : « Une Symphonie entièrement esquissée est dans mon pupitre, avec une nouvelle ouverture. » Cette esquisse n'a jamais été retrouvée. — On lit seulement dans ses notes :

« Adagio cantique. — Chant religieux pour une symphonie dans les anciens modes (Herr Gott dich loben wir. — Alleluja), soit d'une façon indépendante, soit comme introduction à une fugue. Cette symphonie pourrait être caractérisée par l'entrée des voix, soit dans le finale, soit dès l'adagio. Les violons de l'orchestre, etc., décuplés pour les derniers mouvements. Faire entrer les voix une à une ; ou répéter en quelque sorte l'adagio, dans les derniers mouvements. Pour texte de l'adagio, un mythe grec, [ou] un cantique ecclésiastique, dans l'allegro, fête à Bacchus. » (1818 Comme on voit, la conclusion chorale était alors réservée pour la Dixième et non pour la Neuvième Symphonie. Plus tard, il dit qu'il veut accomplir dans sa Dixième Symphonie « la réconciliation du monde moderne avec le monde antique, ce que Gœthe avait tenté dans son Second Faust ».

75. Le sujet est la légende d'un chevalier, qui est amoureux et captif d'une fée, et qui souffre de la nostalgie de la liberté. Il y a des analogies entre le poème et celui de Tannhaeuser. Beethoven y travailla de 1823 à 1826. (Voir A. Ehrhard, Franz Grillparzer, 1900.)

76. Beethoven avait, depuis 1808, le dessein d'écrire la musique de Faust. (La première partie du Faust venait de paraître, sous le titre de Tragédie, en automne 1807.) C'était là son projet le plus cher. (« Was mir und der Kunst das Hoechste ist.»)

77. « Le Sud de la France ! c'est là ! c'est là !. (Südliches Frankreich, dahin ! dahin !) (carnet de la bibliothèque de Berlin). — « ... Partir d'ici. A cette seule condition, tu pourras de nouveau t'élever dans les hautes régions de ton art.... Une symphonie, puis partir, partir, partir.... L'été, travailler pour le voyage.... Parcourir l'Italie, la Sicile avec quelque autre artiste.. (Id.)

78. En 1819, il faillit être poursuivi par la police, pour avoir dit trop haut « qu'après tout, le Christ n'était qu'un Juif crucifié ». Il écrivait alors la Messe en ré. C'est assez dire la liberté de ses inspirations religieuses. (Voir, pour les opinions religieuses de Beethoven, Théodor von Frimmel : Beethoven, 3e éd. Verlag Harmonie ; et Beethoveniana, éd. Georg Müller, vol. II, chap. Blöchinger.) — Non moins libre en politique, Beethoven attaquait hardiment les préjugés et les vices de son gouvernement. Il lui reprochait, entre autres choses : l'organisation de la justice, arbitraire et servile, entravée par une longue procédure ; — les vexations policières ; — la

bureaucratie baroque et inerte, qui tuait toute initiative individuelle et paralysait l'action ; — les privilèges d'une aristocratie dégénérée, tenace à s'arroger exclusivement les plus hautes charges de l'État. — Ses sympathies politiques semblaient être alors pour l'Angleterre. 79. Le suicide de son neveu.

80. Voir sur la Dernière maladie et la mort de Beethoven un article du Dr Klotz-Forest, dans la Chronique médicale du 1er et du 15 avril 1906. — On a des renseignements assez précis par les Cahiers de conversation, où sont inscrites les questions du docteur, et par le récit du docteur lui-même (Dr Wawruch), paru, sous le titre de : Aerztlicher Rückblick auf L. V. B. letzte Lebenstage dans la Wiener Zeitschrift en 1842 (daté du 20 mai 1827).

Il y eut deux phases dans la maladie : 1° des accidents pulmonaires, qui semblèrent arrêtés après six jours. « Le septième jour, il se sentit assez bien pour se lever, marcher, lire et écrire » ; — 2° des troubles digestifs, compliqués de troubles de circulation. « Le huitième jour, je le trouvai défait, le corps tout jaune. Un violent accès de diarrhée, compliquée de vomissements, avait failli le tuer dans la nuit. » À partir de ce moment, l'hydropisie se développa. Cette rechute eut des causes morales, qui sont mal connues. « Une violente colère, une souffrance profonde, causée par l'ingratitude dont il avait souffert, et une injure imméritée, avaient occasionné cette explosion, dit le Dr Wawruch. Tremblant et frissonnant, il était courbé par la douleur qui déchirait ses entrailles. »

Résumant ces diverses observations, le Dr Klotz-Forest diagnostique, après une attaque de congestion pulmonaire, la cirrhose atrophique de Laënnec (maladie de foie), avec ascite, et œdème des membres inférieurs. Il croit que l'usage immodéré des boissons spiritueuses y contribua. C'était déjà l'avis du Dr Malfatti : « Sedebat et bibebat ».

81. Les Souvenirs du chanteur Ludwig Cramolini, qui viennent d'être publiés, racontent une émouvante visite à Beethoven, pendant sa dernière maladie, où Beethoven se montra d'une sérénité et d'une bonté touchantes. (Voir la Frankfurter Zeitung du 29 septembre 1907.)

82. Les opérations eurent lieu le 20 décembre, le 8 janvier, le 2 février, et le 27 février. — Le pauvre homme, sur son lit de mort, était rongé par les punaises. (Lettre de Gerhard von Breuning.)

83. Le jeune musicien Anselm Iltittenbrenner.

« Dieu soit loué ! » écrit Breuning. « Remercions-le d'avoir mis fin à ce long et douloureux martyre. »

Tous les manuscrits, livres et meubles de Beethoven furent vendus aux enchères pour 1 575 florins, Le catalogue comprenait 252 numéros de manuscrits et de livres musicaux, qui ne dépassèrent pas la somme de 982 florins 37 kreutzer. Les Cahiers de conversation et les Tagebücher furent vendus 1 florin 20 kreutzer. — Parmi ses livres, Beethoven possédait : Kant, Naturgeschichte und Theorie des Himmels ; — Bode, Anleitung zur Kenntnis des gestirnten Rimmels ; — Thomas von Kempis, Nachfolge Christi. — La censure mit la main sur : Seume,

Spaziergang nach Syrakus ; — Kotzebue, Ueber den Mei ;
— Fessier, Ansichten von Religion und Kirchentum.

84. « Je suis heureux toutes les fois que je surmonte quelque chose. » (Lettre à l'Immortelle Aimée.) — « Je voudrais vivre mille fois la vie.... Je ne suis pas fait pour une vie tranquille. « (A Wegeler, 16 novembre 1801.)

85. « Beethoven m'enseigna la science de la nature, et me dirigea dans cette étude comme dans celle de la musique. Ce n'étaient pas les lois de la nature, mais sa puissance élémentaire qui l'enchantait. » (Schindler.)

86. Oh ! si belle est la vie ; mais la mienne est pour toujours empoisonnée (vergiftet). (Lettre du 2 mai 1810, à Wegeler.)

LETTRES ET DOCUMENTS

TESTAMENT D'HEILIGENSTADT [1] POUR MES FRÈRES CARL ET JOHANN [2] BEETHOVEN

Ô vous, hommes, qui me regardez ou me faites passer pour haineux, fou, ou misanthrope, combien vous êtes injustes pour moi ! Vous ne savez pas la raison secrète de ce qui vous paraît ainsi ! Mon cœur et mon esprit étaient enclins, depuis l'enfance, au doux sentiment de la bonté. Même à accomplir de grandes actions, j'ai toujours été disposé. Mais songez seulement, depuis six ans, quel est mon état affreux, aggravé par des médecins sans jugement, trompé d'année en année, dans l'espérance d'une amélioration, enfin contraint à la perspective d'un mal durable — dont la guérison demande peut-être des années, si elle n'est pas tout à fait impossible. Né avec un tempérament ardent et actif, accessible même aux distractions de la société, je devais de bonne heure me séparer des hommes, passer ma vie solitaire. Si je voulais parfois surmonter tout cela, oh ! combien durement je me heurtais à la triste expérience renouvelée de mon infirmité ! Et pourtant, il ne m'était pas possible de dire aux hommes : « Parlez plus haut, criez ; car je suis sourd ! » Ah ! comment me serait-il possible d'aller révéler la faiblesse d'un sens, qui devrait être chez moi plus parfait que chez les autres, un sens que j'ai autrefois possédé dans la plus grande perfection, dans une perfection comme certainement peu de sens de mon métier l'ont jamais eu ! — Oh ! cela, je ne le peux pas ! — Pardonnez-moi donc, si vous me voyez vivre à l'écart, quand je voudrais me mêler à votre compagnie. Mon malheur m'est doublement pénible, puisque je lui dois d'être méconnu. Il m'est interdit de trouver un délassement dans la société des hommes, dans les conversations délicates, dans les épanchements mutuels. Seul, tout à fait seul. Je ne puis me risquer dans le monde, qu'autant qu'une impérieuse nécessité l'exige. Je dois vivre comme un proscrit. Si je m'approche d'une société, je suis saisi d'une dévorante angoisse, par peur d'être exposé à ce qu'on remarque mon état.

De là ces six mois que je viens de passer à la campagne. Mon savant médecin m'engagea à ménager mon ouïe autant que possible ; il vint au-devant de mes intentions propres. Et pourtant, maintes fois ressaisi par mon penchant pour la société, je m'y suis laissé entraîner.

Mais quelle humiliation, quand il y avait quelqu'un près de moi, et qu'il entendait au loin une flûte, et que je n'entendais rien, ou qu'il entendait le pâtre chanter et que je n'entendais toujours rien [3] ! De telles expériences me jetèrent bien près du désespoir : et peu s'en fallut que moi-même je ne misse fin à ma vie. — C'est l'Art, c'est lui seul, qui m'a retenu. Ah ! il me semblait impossible de quitter ce monde avant d'avoir accompli tout ce dont je me sentais chargé. Et ainsi je prolongeai cette misérable vie, — vraiment misérable, — un corps si irritable, que le moindre changement peut me jeter de l'état le meilleur dans le pire !

— Patience ! — Ainsi dit-on ; c'est elle que je dois maintenant choisir pour guide. Je l'ai. — Durable, je l'espère, doit être ma résolution de résister, jusqu'à ce qu'il plaise aux Parques inexorables de trancher le fil de ma vie. Peut-être cela ira-t-il mieux, peut-être non : je suis prêt. — À vingt-huit ans, déjà, être forcé de devenir philosophe, ce n'est pas facile ; c'est plus dur encore pour l'artiste que pour tout autre.

Divinité, tu pénètres d'en haut le fond de mon cœur, tu le connais, tu sais que l'amour des hommes et le désir de faire le bien y habitent ! Oh hommes, si vous lisez un jour ceci, pensez que vous avez été injustes pour moi ; et que le malheureux se console, en trouvant un malheureux comme lui, qui, malgré tous les obstacles de la nature, a cependant fait tout ce qui était en son pouvoir, pour être admis au rang des artistes et des hommes d'élite.

Vous, mes frères Carl et (Johann), aussitôt que je serai mort, et si le professeur Schmidt vit encore, priez-le en mon nom qu'il décrive ma maladie, et joignez à l'historique de ma maladie, la lettre que voici, afin qu'après ma mort, au moins autant qu'il est possible, le monde se réconcilie avec moi. — En même temps, je vous reconnais tous deux pour les héritiers de ma petite fortune — si on peut l'appeler ainsi. Partagez-la loyalement, soyez d'accord et aidez-vous l'un l'autre. Ce que vous m'avez fait de mal, vous le savez, je vous l'ai depuis longtemps pardonné. Toi, frère Carl, je te remercie tout particulièrement encore pour l'attachement que tu m'as témoigné dans ces derniers temps. Mon souhait est que vous ayez une vie plus heureuse, plus exempte de soucis, que la mienne. Recommandez à vos enfants la Vertu : elle seule peut rendre heureux, non l'argent. Je parle par expérience. C'est elle qui m'a soutenu moi-même dans ma misère ; c'est à elle que je dois, ainsi qu'à mon art, de n'avoir pas terminé ma vie par le suicide. — Adieu, et aimez-vous ! — Je remercie tous mes amis, en particulier le prince Lichnowski et le professeur Schmidt. — Je souhaite que les instruments du prince L. puissent être conservés chez l'un de vous. Mais qu'il ne s'élève à ce sujet aucun débat entre vous. S'ils peuvent vous être bons à quelque chose de mieux, vendez-les aussitôt. Combien je serai heureux, si je puis encore vous servir dans ma tombe !

S'il en était ainsi, avec joie je vole au-devant de la mort. — Si elle vient avant que j'aie eu l'occasion de développer toutes mes facultés artistiques, malgré mon dur destin, elle vient encore trop tôt pour moi, et je souhaiterais de la retarder. — Mais même ainsi je suis content. Ne me délivre-t-elle pas d'un état de souffrance sans fin ? — Viens quand tu veux, je vais courageusement au-devant de toi. — Adieu et ne m'oubliez pas tout à fait dans la mort ; je mérite que vous pensiez à moi ; car j'ai souvent pensé à vous, dans ma vie, pour vous rendre heureux. Soyez-le !

LUDWIG VAN BEETHOVEN. Heiligenstadt, le 6 octobre 1802.

POUR MES FRÈRES CARL ET JOHANN.
À LIRE ET À EXÉCUTER APRÈS MA MORT

Heiligenstadt, le 10 octobre 1802.

— Ainsi, je prends congé de toi, — et certes tristement.
— Oui, la chère espérance — que j'apportai ici, d'être guéri,
au moins jusqu'à un certain point, — elle doit
m'abandonner tout à fait. Comme les feuilles de l'automne
tombent et sont flétries, ainsi, — ainsi elle aussi s'est
desséchée pour moi. A peu près comme je suis venu, — je
m'en vais. — Même le haut courage — qui me soutenait
souvent dans les beaux jours d'été, — il s'est évanoui. — O
Providence, — fais-moi apparaître une fois un pur jour de
joie ! — Il y a si longtemps que la résonance profonde de la
vraie joie m'est étrangère ! — oh ! quand — oh ! quand, ô
Divinité ! pourrai-je encore la sentir dans le Temple de la
nature et des hommes ? — Jamais ? — Non ! — Oh ! ce serait
trop cruel !

LETTRES

AU PASTEUR AMENDA, EN COURLANDE [4]

Mon cher, mon bon Amenda, mon ami de tout cœur, avec une émotion profonde, avec un mélange de douleur et de joie j'ai reçu et lu ta dernière lettre. A quoi puis-je comparer ta fidélité, ton attachement envers moi ! Oh ! cela est bien bon, que tu me sois toujours resté si ami. Oui, j'ai mis ton dévouement à l'épreuve, et je sais faire la distinction de toi et de tous les autres. Tu n'es pas un ami de Vienne, non, tu es un de ceux comme le sol de ma patrie a coutume d'en porter ! Combien je te souhaite souvent auprès de moi ! car ton Beethoven est profondément malheureux. Sache que la plus noble partie de moi-même, mon ouïe, s'est beaucoup affaiblie. Déjà, à l'époque où tu étais près de moi, j'en sentais les symptômes, et je le cachais ; depuis, cela a toujours été pire. Si cela pourra jamais être guéri, il faut attendre (pour le savoir) ; cela doit tenir à mon affection du ventre. Pour celle-ci, je suis presque tout à fait rétabli ; mais pour l'ouïe, se guérira-t-elle ? Naturellement, je l'espère ; mais c'est bien difficile, car de telles maladies sont les plus incurables. Comme je dois vivre tristement, éviter tout ce qui m'est cher, et cela parmi des hommes si misérables, si égoïstes !... — Entre tous, je puis dire que l'ami le plus éprouvé est pour moi Lichnowsky. Depuis l'année passée, il m'a donné 600 florins : cela et la vente fructueuse de mes œuvres me met en état de vivre sans le souci du pain à gagner. Tout ce que j'écris maintenant, je puis le vendre aussitôt cinq fois, et être bien payé. — J'ai écrit pas mal de choses, ces derniers temps ; et puisque j'apprends que tu as commandé des pianos chez..., je veux t'envoyer différentes œuvres dans l'emballage de l'un d'eux, pour que cela te coûte moins cher.

Maintenant, pour ma consolation, est venu ici un homme, avec qui je puis jouir du plaisir de la conversation et de l'amitié désintéressée : c'est un de mes amis de jeunesse [5]. Je lui ai souvent parlé de toi, et je lui ai dit que, depuis que j'ai quitté ma patrie, tu es un de ceux que mon cœur a élus. — Lui non plus n'aime pas le... [6]. Il est et reste trop faible pour l'amitié. Je le regarde, lui et..., comme de purs instruments, dont je joue, quand il me plaît : mais ils ne peuvent être jamais de nobles témoins de mon activité, pas plus qu'ils ne peuvent vraiment participer à ma vie ; je les taxe seulement d'après les services qu'ils me rendent. Oh ! comme je serais heureux, si j'avais tout l'usage de mon ouïe ! Je courrais alors vers toi. Mais je dois rester à l'écart de tout ; mes plus belles années s'écouleront sans que j'aie accompli tout ce que mon talent et ma force m'auraient commandé. — Triste résignation, où je dois me réfugier ! Sans doute, je me suis proposé de me mettre au-dessus de tous ces maux ; mais comment cela me sera-t-il possible ? Oui, Amenda, si dans six mois mon mal n'est pas guéri, j'exige de toi que tu laisses tout, et que tu viennes auprès de moi ; alors je voyagerai (mon jeu et ma composition souffrent encore très peu de mon infirmité ; c'est seulement dans la société qu'elle est le plus sensible) ; tu seras mon compagnon : je suis convaincu que le bonheur ne me manquera pas ; avec quoi ne pourrais-je pas me mesurer maintenant ! Depuis que tu es parti, j'ai écrit de tout, jusqu'à des opéras et de la musique d'église. Oui, tu ne refuseras pas ; tu aideras ton ami à porter son mal, ses soucis. J'ai aussi beaucoup perfectionné mon jeu de pianiste, et j'espère que ce voyage pourra aussi te faire plaisir. Après, tu resteras éternellement auprès de moi. — J'ai reçu exactement toutes tes lettres ; si peu que j'y aie répondu, tu m'as toujours été présent, et mon cœur bat pour toi avec la même tendresse. — Ce que je t'ai dit de mon ouïe, je te prie de le garder comme un grand secret, et de ne le confier à personne, quel qu'il soit. — Écris-moi très souvent. Tes lettres, même quand elles sont si courtes, me consolent et me font du bien. J'en attends bientôt une autre de toi, mon bien cher. — Je ne t'ai pas envoyé ton quatuor [7] parce que je l'ai tout à fait remanié, depuis que je commence à savoir écrire convenablement des quatuors : ce que tu verras, quand tu les recevras. — Maintenant, adieu, cher boni Si tu crois que je puisse faire pour toi quelque chose qui te soit agréable, il va de soi que tu dois le dire à ton fidèle L. v. Beethoven, qui t'aime sincèrement

AU DOCTEUR FRANZ GERHARD WEGELER Vienne, 29 juin (1801).

Mon bon cher Wegeler, combien je te remercie de ton souvenir ! Je l'ai si peu mérité, si peu cherché à le mériter ; et pourtant tu es si bon, tu ne te laisses rebuter par rien, même par mon impardonnable négligence ; tu restes toujours le fidèle, bon, loyal ami. — Que je puisse t'oublier, vous oublier, vous tous qui m'avez été si chers et si précieux, non, ne le crois pas ! Il y a des moments où je soupire après vous, où je voudrais passer quelque temps auprès de vous. — Ma patrie, la belle contrée où je vis la lumière du monde, m'est toujours aussi clairement et nettement présente que lorsque je vous ai quittés. Ce sera un des plus heureux instants de ma vie, que celui où je pourrai vous revoir et saluer notre père le Rhin. — Quand cela sera, je ne puis encore te le dire avec exactitude. — Du moins, je veux vous dire que vous me retrouverez plus grand : je ne parle pas de l'artiste, mais aussi de l'homme, qui vous semblera meilleur, plus accompli ; et si le bien-être n'a pas un peu augmenté dans notre patrie, mon art doit se consacrer à l'amélioration du sort des pauvres....

Tu veux savoir quelque chose de ma situation : eh bien, cela ne va pas trop mal. Depuis l'an passé, Lichnowski, qui (si incroyable que cela puisse te paraître, même quand je te le dis) a toujours été et est resté mon ami le plus chaud, — (il y a bien eu de petites mésintelligences entre nous ; mais elles ont affermi notre amitié), — Lichnowski m'a versé une pension de 600 florins, que je dois toucher, aussi longtemps que je ne trouverai pas de position qui me convienne. Mes compositions me rapportent beaucoup, et je puis dire que j'ai plus de commandes que je n'y puis satisfaire. Pour chaque chose, j'ai six, sept éditeurs, et encore plus, si je veux m'en donner la peine. On ne discute plus avec moi : je fixe un prix, et on le paie. Tu vois comme c'est charmant. Par exemple, je vois un ami dans le besoin, et ma bourse ne me permet pas de lui venir en aide : je n'ai qu'à me mettre à ma table de travail ; et, en peu de temps, je l'ai tiré d'affaire. — Je suis aussi plus économe qu'autrefois....

Malheureusement, un démon jaloux, ma mauvaise santé, est venu se jeter à la traverse. Depuis trois ans, mon ouïe est toujours devenue plus faible. Cela doit avoir été causé par mon affection du ventre, dont je souffrais déjà autrefois, comme tu sais, mais qui a beaucoup empiré ; car je suis continuellement affligé de diarrhée, et, par suite, d'une extraordinaire faiblesse. Frank voulait me tonifier avec des reconstituants, et traiter mon ouïe par l'huile d'amandes. Mais prosit ! cela n'a servi à rien ; mon ouïe a toujours été plus mal, et mon ventre est resté dans le même état. Cela a duré ainsi jusqu'à l'automne dernier, où j'ai été souvent au désespoir. Un âne de médecin me conseilla des bains froids ; un autre, plus avisé, des bains tièdes du Danube : cela fit merveille ; mon ventre s'améliora, mais mon ouïe resta de même, ou devint encore plus malade. Cet hiver, mon état fut vraiment déplorable : j'avais d'effroyables coliques et je fis une rechute complète. Je restai ainsi jusqu'au mois dernier, où j'allai voir Vering ; car je pensai que mon mal réclamait plutôt un chirurgien, et, du reste, j'ai toujours eu confiance en lui. Il réussit à couper presque complètement cette violente diarrhée ; il m'ordonna des bains tièdes du Danube, dans lesquels il me faisait verser une fiole de liqueurs fortifiantes ; il ne me donna aucune médecine, sauf, depuis quatre jours environ, des pilules pour l'estomac et une sorte de thé pour les oreilles. Je m'en trouve mieux et plus fort ; il n'y a que mes oreilles qui bruissent et mugissent (sausen und brausen) nuit et jour. Je puis dire que je mène une vie misérable. Depuis presque deux ans, j'évite toute société, parce que je ne puis pas dire aux gens : « Je suis sourd ». Si j'avais quelque autre métier, cela serait encore possible ; mais dans le mien, c'est une situation terrible. Que diraient de cela mes ennemis, dont le nombre n'est pas petit !

Pour te donner une idée de cette étrange surdité, je te dirai qu'au théâtre je dois me mettre tout près de l'orchestre pour comprendre les acteurs. Je n'entends pas les sons élevés des instruments et des voix, si je me place un peu loin. Dans la conversation, il est surprenant qu'il y ait des gens qui ne l'aient jamais remarqué. Comme j'ai beaucoup de distractions, on met tout sur leur compte. Quand on parle doucement, j'entends à peine ; oui, j'entends bien les sons, mais pas les mots ; et d'autre part, quand on crie, cela m'est intolérable. Ce qui en adviendra, le ciel le sait. Vering dit que cela s'améliorera certainement, si cela ne guérit pas tout à fait. — Bien souvent, j'ai maudit mon existence et le Créateur [8]. Plutarque m'a conduit à la résignation. Je veux, si toutefois cela est possible, je veux braver mon destin ; mais il y a des moments de ma vie où je suis la plus misérable créature de Dieu. — Je te supplie de ne rien dire de mon état à personne, même pas à Lorchen [9] ; je te le confie sous le sceau du secret. Il me serait agréable que tu écrives à ce sujet à Vering. Si mon état doit durer, je viendrai, le printemps prochain, auprès de toi ; tu me loueras, dans quelque beau pays, une maison de campagne, et je veux me refaire paysan pour six mois. Peut-être cela me fera-t-il du bien. Résignation ! quel triste refuge ! et pourtant, c'est le seul qui me reste ! — Tu me pardonnes de t'apporter encore ce souci d'amitié au milieu de tous tes ennuis.

Steffen Breuning est maintenant ici, et nous sommes presque tous les jours ensemble. Gela me fait tant de bien d'évoquer les sentiments passés ! Il est devenu vraiment un bon et excellent jeune homme, qui sait quelque chose, et qui a (comme nous tous plus ou moins) le cœur à la bonne place....

Je veux écrire aussi à la bonne Lorchen. Jamais je n'ai oublié un seul de vous, chers bons, même si je ne vous donne aucun signe de vie ; mais écrire, tu le sais, n'a jamais été mon fort ; mes meilleurs amis sont restés des années sans recevoir une lettre de moi. Je ne vis que dans mes notes ; à peine une œuvre est terminée, qu'une autre est déjà commencée. À la façon dont je travaille maintenant, je fais souvent trois ou quatre choses à la fois. — Écris-moi plus

souvent ; je veux tâcher de trouver le temps de te répondre.
Salue tout le monde de ma part....
Adieu, bon, fidèle Wegeler ! Sois assuré de l'affection et de
l'amitié de ton Beethoven.

À WEGELER

Vienne, 16 novembre 1801.

Mon bon Wegeler ! je te remercie pour ta nouvelle marque de sollicitude, d'autant plus que je la mérite si peu. — Tu veux savoir comment je vais, et ce dont j'ai besoin. Si peu agréable qu'il me soit de m'entretenir de ce sujet, je le fais pourtant plus volontiers avec toi.

Vering me pose toujours depuis des mois des vésicatoires sur les deux bras.... Ce traitement m'est extrêmement désagréable ; sans parler des douleurs, je suis constamment privé pour un ou deux jours de l'usage de mes bras.... Je dois convenir que le bruissement et le bourdonnement sont un peu plus faibles qu'autrefois, surtout à l'oreille gauche, par laquelle justement ma surdité a commencé ; mais mon ouïe ne s'est certainement améliorée en rien jusqu'à présent ; je n'ose pas décider si elle n'est pas devenue encore pire. — Mon ventre va mieux ; surtout quand j'use pendant quelques jours des bains tièdes, je me trouve assez bien, huit ou dix jours. De loin en loin, je prends quelque chose de fortifiant pour l'estomac ; je commence aussi, d'après ton conseil, des applications d'herbes sur le ventre. — Vering ne veut pas entendre parler des douches. Du reste, je ne suis pas très content de lui. Il a vraiment trop peu de soins et d'attention pour une telle maladie ; si je n'allais pas chez lui — et cela m'est très difficile, — je ne le verrais jamais. — Que penses-tu de Schmidt ? Je ne change pas volontiers ; mais il me semble que Vering est trop praticien, pour renouveler beaucoup ses idées par la lecture. — Schmidt me semble en ceci un tout autre homme, et ne serait peut-être pas aussi négligent. — On dit merveilles du galvanisme ; qu'en penses-tu ? Un médecin m'a dit qu'il avait vu un enfant sourd-muet recouvrer l'ouïe, et un homme, sourd depuis sept ans, guéri également. — Justement, j'apprends que Schmidt fait des expériences là-dessus.

Je vis de nouveau un peu plus agréablement ; je me mêle davantage parmi les hommes. Tu peux à peine croire quelle vie de solitude et de tristesse j'ai menée depuis deux ans. Mon infirmité se dressait partout devant moi, comme un spectre, et je fuyais les hommes. Je devais paraître misanthrope, et je le suis pourtant si peu ! — Ce changement, une chère, charmante fille l'a accompli ; elle m'aime, et je l'aime : voici de nouveau quelques moments heureux, depuis deux ans ; et c'est la première fois que je sens que le mariage pourrait donner le bonheur. Malheureusement, elle n'est pas de ma condition ; — et maintenant, — à dire vrai, Je ne pourrais pas encore me marier : il faut que je me remue bravement encore. N'était mon ouïe, j'aurais depuis longtemps parcouru la moitié du monde ; et cela, je dois le faire. — Il n'y a pas de plus grand plaisir pour moi, que d'exercer mon art, et de le montrer. — Ne crois pas que je serais heureux chez vous. Qui pourrait me rendre heureux encore ? Même votre sollicitude me serait à charge ; je lirais à chaque instant la compassion sur votre visage, et je me trouverais encore plus misérable.

— Ces beaux pays de ma patrie, qu'est-ce qui m'attirait vers eux ? Rien que l'espoir d'une meilleure situation ; et j'y serais parvenu sans ce mal ! Oh ! si j'étais libre de ce mal, je voudrais embrasser le monde ! Ma jeunesse, oui, je le sens, ne fait que commencer ; n'ai-je pas toujours été souffrant ? Ma force physique croît plus que jamais, depuis quelque temps, avec ma force intellectuelle. Chaque jour, j'approche davantage du but que j'entrevois, sans pouvoir le définir. Seulement dans de telles pensées ton Beethoven peut vivre. Point de repos ! — Je n'en connais pas d'autre que le sommeil ; et je suis assez malheureux de devoir lui accorder plus de temps qu'autrefois. Que je sois seulement à moitié délivré de mon mal, et alors, — comme un homme plus maître de lui, plus mûr, je viens à vous, et je resserre nos vieux liens d'amitié.

Vous devez me voir aussi heureux qu'il m'est accordé de l'être ici-bas, — mais pas malheureux. — Non, cela je ne pourrais le supporter ! Je veux saisir le destin à la gueule. Il ne me courbera certainement pas tout à fait. — Oh ! cela est si beau de vivre la vie mille fois ! — Pour une vie tranquille, non, je le sens, je ne suis plus fait pour elle.

... Mille bonnes choses à Lorchen.... — Tu m'aimes bien un peu, n'est-ce pas ? Sois sûr de mon affection et de mon amitié.

Ton BEETHOVEN.

LETTRE DE WEGELER ET D'ÉLÉONORE VON BREUNING À BEETHOVEN [10]

Coblentz, 28 décembre 1825.

Mon cher vieux Louis,

Je ne puis laisser partir pour Vienne un des dix enfants de Ries, sans me rappeler à ton souvenir. Si, depuis vingt-huit ans que j'ai quitté Vienne, tu n'as pas reçu une longue lettre tous les deux mois, tu peux en accuser ton silence après les premières lettres que je t'ai envoyées. Cela n'est pas bien, et maintenant surtout ; car nous autres vieilles gens, nous vivons si volontiers dans le passé, et nous trouvons par-dessus tout plaisir aux images de notre jeunesse. Pour moi du moins, ma connaissance et mon étroite amitié avec toi, grâce à ta bonne mère que Dieu bénisse, est un point lumineux de ma vie, vers lequel je me tourne avec plaisir.... Je lève les yeux vers toi, comme vers un héros, et je suis fier de pouvoir dire : « Je n'ai pas été sans influence sur son développement ; il me confiait ses souhaits et ses rêves ; et quand plus tard, il fut si souvent méconnu, je savais bien ce qu'il voulait. » Dieu soit loué que je puisse parler de toi avec ma femme, et maintenant avec mes enfants ! La maison de ma belle-mère était davantage ta maison que ta propre maison, surtout après la mort de ta noble mère. Dis-nous seulement une fois encore : « Oui, je pense à vous, dans la joie, dans la tristesse ». L'homme, même quand il s'est élevé aussi haut que toi, n'est heureux qu'une fois dans sa vie : c'est quand il était jeune. Aux pierres de Bonn, à Kreuzberg, à Godesberg, à la Pépinière, etc., tes idées doivent maintes fois joyeusement s'attacher.

Je veux maintenant te parler de moi, de nous, pour te donner un exemple de la manière dont tu dois me répondre. Après mon retour de Vienne, en 1796, cela alla assez mal pour moi ; pendant plusieurs années, je dus vivre seulement de mes consultations, comme médecin ; et cela dura quelques années dans cette contrée misérable, avant que j'eusse le nécessaire. Puis je devins professeur avec un traitement, et je me mariai en 1802. L'année d'après, j'eus une fille, qui vit encore et qui est tout à fait accomplie. Elle a, avec un jugement très droit, la sérénité de son père, et elle joue à ravir des sonates de Beethoven. Elle n'y a pas de mérite : c'est un don inné. En 1807, j'ai eu un garçon, qui étudie maintenant la médecine à Berlin. Dans quatre ans, je l'envoie à Vienne : prendras-tu soin de lui ?... J'ai fêté au mois d'août mon soixantième anniversaire de naissance, en compagnie d'une soixantaine d'amis et de connaissances, parmi lesquels les premières gens de la ville. Depuis 1807, j'habite ici, j'ai maintenant une belle maison et une bonne place. Mes supérieurs sont contents de moi, et le roi m'a donné des ordres et des médailles. Lore et moi nous allons assez bien. — Maintenant, je t'ai fait connaître entièrement notre situation. À ton tour....

Ne voudras-tu jamais détacher tes yeux de la tour de Saint-Étienne ? Le voyage n'a-t-il pas de charme pour toi ? Ne voudras-tu jamais plus revoir le Rhin ? — De madame Lore toutes sortes de choses cordiales, ainsi que de moi.

Ton très vieux ami WEGELER.

Coblentz, 29 décembre 1825.

Cher Beethoven, depuis si longtemps cher ! C'était mon désir que Wegeler vous écrivît de nouveau. — Maintenant que ce désir est accompli, je crois devoir ajouter encore deux mots, — non pas seulement pour me rappeler davantage à votre souvenir, mais pour renouveler la demande pressante si vous n'avez donc plus aucun désir de revoir le Rhin et votre lieu de naissance — et de faire à Wegeler et à moi la plus grande des joies. Notre Lenchen vous remercie de tant d'heures heureuses ; — elle a tant de plaisir à entendre parler de vous ; — elle sait toutes les petites aventures de notre joyeuse jeunesse à Bonn,
— de la brouille et du raccommodement.... Comme elle serait heureuse de vous voir ! — La petite n'a malheureusement aucun talent pour la musique ; mais elle a tant fait, avec tant d'application et de persévérance, qu'elle peut jouer vos sonates, variations, etc. ; et comme la musique reste toujours le plus grand délassement pour Weg., elle lui procure ainsi maintes heures agréables. Julius a du talent pour la musique, mais jusqu'à présent il était

négligent ; — depuis six mois, il apprend le violoncelle avec plaisir et joie ; et, comme il a à Berlin un bon professeur, je crois qu'il fera encore des progrès. — Les deux enfants sont grands et ressemblent au père, — aussi pour la belle et bonne humeur que Weg., grâce à Dieu, n'a pas encore tout à fait perdue.... Il a un grand plaisir à jouer les thèmes de vos variations ; les anciens ont la préférence, mais souvent il joue un des nouveaux avec une incroyable patience. — Votre Opferlied est placé au-dessus de tout ; jamais Weg. ne va dans sa chambre sans se mettre au piano. — Ainsi, cher Beethoven, vous pouvez voir combien est toujours durable et vivant le souvenir que nous avons de vous. — Dites-nous donc une fois que cela a quelque prix pour vous, et que nous ne sommes pas tout à fait oubliés. — S'il n'était pas si difficile souvent d'accomplir nos plus chers désirs, nous aurions déjà été faire visite à mon frère, à Vienne, pour avoir le plaisir de vous voir ; — mais à un tel voyage il ne faut pas penser, maintenant que notre fils est à Berlin. — Weg. vous a dit comment cela va pour nous : — nous aurions tort de nous plaindre. — Même le temps le plus difficile a été meilleur pour nous que pour cent autres.

— Le plus grand bonheur est que nous allons bien, et que nous avons de bons et braves enfants. — Oui, ils ne nous ont fait encore aucune peine, et ils sont gais, et de bons petits.

— Lenchen a eu seulement un gros chagrin : — c'est quand notre pauvre Burscheid est mort ; — une perte nous que tous n'oublierons jamais. Adieu, cher Beethoven, et pensez à nous en toute loyale bonté.

ELN. WEGELER.

BEETHOVEN À WEGELER Vienne, 7 octobre 1826 [11].

Mon vieux ami aimé !

Quel plaisir m'a fait ta lettre et celle de ta Lorchen, je ne puis pas l'exprimer. Certainement j'aurais dû te répondre aussitôt ; mais je suis un peu négligent, surtout pour écrire, parce que je pense que les meilleures gens me connaissent sans cela. Dans ma tête je fais souvent la réponse ; mais quand je veux la mettre par écrit, le plus souvent je jette ma plume au loin, parce que je ne suis pas en état d'écrire comme je sens. Je me souviens de toute l'affection que tu m'as toujours montrée, par exemple quand tu as fait blanchir ma chambre, et que tu m'as si agréablement surpris. Aussi de la famille Breuning. Qu'on se soit séparé les uns des autres, c'était dans le cours naturel des choses : chacun devait poursuivre le but qu'il s'était désigné, et chercher à l'atteindre ; seuls les principes éternellement inébranlables du bien nous ont retenus toujours fermement unis ensemble. Malheureusement, je ne puis pas t'écrire aujourd'hui autant que je voudrais, parce que je suis alité.... J'ai toujours la silhouette de ta Lorchen ; (je te le dis) pour que tu voies comme tout ce qu'il y a eu de bon et de cher dans ma jeunesse m'est toujours précieux... On dit chez moi : Nulla dies sine linea, et je laisse pourtant la muse dormir ; mais c'est pour qu'elle se réveille plus forte ensuite. J'espère encore mettre au monde quelques grandes œuvres ; et puis, comme un vieil enfant, je terminerai ma carrière terrestre parmi les braves gens [12]... Parmi les marques d'honneur que j'ai reçues, et qui, je le sais, te feront plaisir, je t'annonce que j'ai reçu du roi de France défunt une médaille, avec l'inscription : Donnée par le Roi à monsieur Beethoven ; elle était accompagnée d'un écrit très obligeant du premier gentilhomme du Roi Duc de Châtres [13].

Mon ami bien cher, contente-toi de ceci pour aujourd'hui. Le souvenir du passé me saisit, et ce n'est pas sans d'abondantes larmes que je t'envoie cette lettre. Ceci n'est qu'un commencement ; bientôt tu recevras une nouvelle lettre ; et plus tu m'écriras, plus tu me feras plaisir. Gela n'a pas besoin de se demander, quand on est amis comme nous le sommes. Adieu. Je te prie d'embrasser tendrement en mon nom ta chère Lorchen et tes enfants, et de penser à moi. Dieu soit avec vous tous !

Comme toujours ton fidèle vrai ami qui t'estime

BEETHOVEN.
À WEGELER Vienne, 17 février 1827.

Mon vieux et digne ami !

J'ai reçu heureusement de Breuning ta seconde lettre. Je suis encore trop faible pour y répondre ; mais tu peux penser que tout ce que tu dis m'est bienvenu, et que je le désire. Pour ma convalescence, si je peux la nommer ainsi, cela va bien lentement encore ; il est à présumer qu'il faut s'attendre à une quatrième opération, bien que les médecins n'en disent rien. Je prends patience et je pense : tout mal apporte avec lui quelque bien.... Combien de choses je voudrais te dire encore aujourd'hui ! Mais je suis trop faible : je ne puis plus rien que t'embrasser dans mon cœur, toi et ta Lorchen. Avec vraie amitié et attachement à toi et aux tiens,

Ton vieux fidèle ami,
BEETHOVEN.

À MOSCHELES Vienne, 14 mars 1827.

Mon cher Moscheles !

... Le 27 février, j'ai été opéré pour la quatrième fois ; et maintenant se montrent de nouveau des indices certains que je dois bientôt m'attendre à une cinquième opération. Où tout cela aboutira-t-il, et qu'arrivera-t-il de moi, si cela dure encore quelque temps ?
— Vraiment c'est un dur lot que le mien. Mais je me remets en la volonté du destin, et je prie Dieu seulement qu'il veuille bien décider, dans sa divine volonté, qu'aussi longtemps que je dois souffrir la mort en vie, je sois à l'abri du besoin [14]. Cela me donnera la force de supporter mon lot, si dur et si terrible qu'il puisse être, avec résignation à la volonté du Très-Haut.
.. Votre ami,

L. v. BEETHOVEN.

Notes

1. Heiligenstadt est un faubourg de Vienne. Beethoven y était en séjour.

2. Le nom a été oublié sur le manuscrit.

N. B. — Les mots en italiques sont soulignés dans le texte.

3. Je voudrais, à propos de cette douloureuse plainte, exprimer une remarque, qui, je crois, n'a jamais été faite. — On sait qu'à la fin du second morceau de la Symphonie pastorale, l'orchestre fait entendre le chant du rossignol, du coucou, et de la caille ; et on peut dire d'ailleurs que la Symphonie presque tout entière est tissée de chants et de murmures de la Nature. Les esthéticiens ont beaucoup disserté sur la question de savoir si l'on devait ou non approuver ces essais de musique imitative. Aucun n'a remarqué que Beethoven n'imitait rien, puisqu'il n'entendait rien : il recréait dans son esprit un monde qui était mort pour lui. C'est ce qui rend si touchante cette évocation des oiseaux. Le seul moyen qui lui restât de les entendre, était de les faire chanter en lui.

4. Probablement écrit en 1801.

5. Stephan von Breuning.

6. Zmeskall (?). Il était secrétaire aulique à Vienne, et resta dévoué à Beethoven.

7. Op. 18, numéro 1.

8. Nohl, dans son édition des Lettres de Beethoven, â supprimé les mots : und den Schöpfer (et le Créateur).

9. Éléonore.

10. Il m'a semblé qu'il n'était pas sans intérêt de donner les deux lettres suivantes, qui font connaître ces excellentes gens, les plus fidèles amis de Beethoven. Aux amis, on juge l'homme.

11. On remarquera que les amis de ce temps, même quand ils s'aimaient le mieux, étaient d'une affection moins impatiente que la nôtre. Beethoven répond à Wegeler dix mois après sa lettre.

12. Beethoven ne se doutait pas qu'il écrivait alors sa dernière œuvre : le second finale de son quatuor op. 130. Il était chez son frère, à Gneixendorf, près de Krems, sur le Danube.

13. Duc de la Châtre.

14. Beethoven, près de manquer d'argent, s'était adressé à la Société philharmonique de Londres, et à Moscheles, alors en Angleterre, pour tâcher d'organiser un concert à son bénéfice. La Société eut la générosité de lui envoyer aussitôt cent livres sterling comme acompte. Il en fut ému jusqu'au fond du cœur. « C'était un spectacle déchirant, dit un ami, de le voir, au reçu de cette lettre, joignant les mains, et sanglotant de joie et de reconnaissance. » Dans l'émotion, la blessure de sa plaie se rouvrit. Il voulut encore dicter une lettre de remerciements aux « nobles Anglais, qui avaient pris part à son triste sort.

PENSÉES

SUR LA MUSIQUE

Il n'y a pas de règle qu'on ne peut blesser à cause de
SCHÖNER. (« Plus beau [1] ».)

* * *

La musique doit faire jaillir le feu de l'esprit des hommes.

* * *

La musique est une révélation plus haute que toute sagesse
et toute philosophie... Qui pénètre le sens de ma musique
doit s'affranchir de toute la misére que traînent après eux
les autres hommes.
(à BETTINA, 1810.)

* * *

Il n'y a rien de plus beau que de s'approcher de la divinité,
et d'en répandre les rayons sur la race humaine.

* * *

Pourquoi j'écris ? — Ce que j'ai dans le cœur, il faut que
cela sorte ; et c'est pour cela que j'écris.

Croyez-vous que je pense a un sacré violon, quand l'Esprit
me parle, et que j'écris ce qu'il me dicte ?
(À SCHUPPANZIGH.)

* * *

D'après ma façon habituelle de composer, même pour la
musique instrumentale, j'ai toujours l'ensemble devant les
yeux.
(À TREITSCHKE.)

* * *

Écrire sans piano est nécessaire.... Peu à peu naît la faculté
de se représenter ce que nous désirons et sentons, qui est
un besoin si essentiel aux nobles êtres.
(À l'archiduc RODOLPHE.)

* * *

Décrire appartient à la peinture. La poésie peut aussi, en cela, s'estimer heureuse, en comparaison de la musique ; son domaine n'est pas aussi limité que le mien ; mais, en revanche, le mien s'étend plus loin dans d'autres régions ; et l'on ne peut pas atteindre si facilement mon empire.
(À WILHELM GERHARD.)

* * *

La liberté et le progrès sont le but dans l'art, comme dans la vie tout entière. Si nous ne sommes pas aussi solides que les maîtres anciens, le raffinement de la civilisation a du moins élargi bien des choses.
(À l'archiduc RODOLPHE.)

* * *

Je n'ai pas l'habitude de retoucher mes compositions (une fois terminées). Je ne l'ai jamais fait, pénétré de cette vérité, que tout changement partiel altère le caractère de la composition.
(À THOMSON.)

* * *

La pure musique d'église devrait être exécutée seulement par les voix, à part le Gloria, ou tel autre texte de ce genre. C'est pourquoi je préfère Palestrina ; mais c'est une absurdité de l'imiter, sans posséder son esprit, ni ses conceptions religieuses.

(À l'organiste FREUDENBERG.)

* * *

Quand votre élève a, au piano, le doigté convenable, la
mesure juste, et qu'il joue les notes assez exactement,
attachez-vous seulement au style, ne l'arrêtez pas à de
petites fautes, ne les lui faites remarquer qu'à la fin du
morceau. — Cette méthode forme des musiciens, ce qui,
après tout, est un des premiers buts de l'art musical....
Pour les passages (de virtuosité), faites-lui employer tour à
tour tous les doigts
— Sans doute, en employant moins de doigts, on obtient
un jeu « perlé », comme on dit, ou « comme une perle » ;
mais on aime mieux parfois d'autres bijoux [2].
(À CZERNY.)

* * *

Parmi les anciens maîtres, seuls Haendel l'Allemand et
Sébastien Bach eurent du génie.
(À l'archiduc RODOLPHE, 1819.)

* * *

Mon cœur bat tout entier pour le haut et grand art de
Sébastien Bach, ce patriarche de l'harmonie (dieses
Urvaters der Harmonie).
(À HOFMEISTER, 1801.)

* * *

En tout temps, j'ai été des plus grands admirateurs de
Mozart, et je le resterai jusqu'à mon dernier souffle.
(À l'abbé STADLER, 1826.)

* * *

J'estime vos œuvres au-dessus de toutes les autres œuvres
de théâtre. Je suis dans le ravissement, chaque fois que
j'entends une nouvelle œuvre de vous, et j'y prends un
intérêt plus grand qu'aux miennes propres : bref, je vous
estime et je vous aime.... Vous resterez tousjours celui de
mes contemporains, que je l'estime le plus. Si vous mes
voulez faire un estrême plaisir, c'étoit, si Vous m'écrivez
quelques lignes, ce que me soulagera bien. L'art unit tout
le monde, combien plus les vrais artistes ; et peut-être
Vous me dignez aussi de me compter de ce nombre [3].
(À CHERUBINI, 1823.)

SUR LA CRITIQUE

En ce qui me concerne comme artiste, on n'a jamais
entendu dire que j'aie fait la moindre attention à tout ce
qu'on a pu écrire sur moi.
(À SCHOTT, 1825.)

* * *

Je pense comme Voltaire « que quelques piqûres de mouches ne peuveait retenir un cheval dans sa course ardente ». (1826.)

* * *

Quant à ces imbéciles, il n'y a qu'à les laisser causer. Leur bavardage ne rendra certainement personne immortel, pas plus qu'il n'enlèvera l'immortalité à aucun de ceux à qui Apollon l'a destinée.

(1801.)

* * *

Notes

1. En français dans le texte, sauf le dernier mot.

2. « Le jeu de Beethoven, comme pianiste n'était pas correct, et sa manière de doigter était souvent fautive ; la qualité du son était négligée. Mais qui pouvait songer à l'instrumentiste ? On était absorbé par ses pensées, comme ses mains devaient les exprimer, de quelque manière que ce fût » (Baron de Trémont, 1809.)

3. Les mots soulignés, avec leur orthographe défectueuse. sont en français dans le texte. Nous avons dit plus haut qu'à cette lettre Cherubini ne répondit jamais.

Bibliographie

Si l'on désire mieux connaître Beethoven, on pourra
recourir aux ouvrages et documents principaux, dont voici
une liste sommaire :

I.   — POUR LES LETTRES DE BEETHOVEN

LUDWIG NOHL. — Briefe Beethovens, 1865, Stuttgart.
LUDWIG NOHL. — Neue Briefe Beethovens. 1867,
Stuttgart.
LUDWIG RITTER VON KOECHEL. — 83 Original- Briefe
L. V. B. an den Erzherzog Rudolph. 1865, Vienne.
ALFRED SCHOENE. — Briefe von Beethoven an Marie
Graefin Erdoedy, geb. Graefin Niszky und Mag. Brauchle.
1866, Leipzig.

THEODOR VON FRIMMEL. — Neue Beethoveniana. 1886.

Katalog der mit der Beethoven-Feier zu Bonn, an 11-15 mai 1890 verbundenen Ausstellung von Handschriften, Briefen, Bildnissen, Reliquien Ludwig van Beethoven's. 1890, Bonn.

LA MARA. — Musikerbriefe aus fünf Jahrhunderten. 1892, Leipzig.

Dr A. CHRISTIAN KALISCHER. — Neue Beethoven-Briefe. 1902, Berlin et Leipzig.

Dr A. CHR. KALISCHER. — Beethoven's Sàmmtliche Briefe, Kritische Ausgabe mit Erlaüterungen. 1906-1908, 5 vol. Leipzig et Berlin.

Dr FRITZ PRELINGER. — Beethovens Sämmtliche Briefe und Aufzeichnungen. 1907, Vienne et Leipzig, 3 vol.

Un choix des lettres de Beethoven a été publié, en traduction française, avec introduction et notes de Jean Chantavoine, 1904, Paris.

II. — POUR LA VIE DE BEETHOVEN

GOTTFRIED FISCHER. — Manuscrit (intéressant surtout pour l'enfance de Beethoven.— Fischer, mort à Bonn en 1864, était propriétaire de la maison, où vécurent deux générations de la famille Beethoven. Lui et sa sœur Caecilia connurent intimement Beethoven enfant, et notèrent leurs souvenirs, qui sont précieux, à condition qu'on en use avec quelque critique.) — Le manuscrit est à la Beethovenhaus de Bonn. DEITERS (voir plus loin) en a publié des extraits.

F.-G. WEGELER UND FERDINAND RIES. — Biographische Notizen ueber Ludwig van Beethoven (surtout précieux pour la première moitié de sa vie). 1838, Coblentz. Traduction française 1862 (épuisé). Réimpression par Dr Kalischer 1905.

LUDWIG NOHL. — Eine stille Liebe zu Beethoven. 1857, Berlin. (Publication du journal de Mlle Fanny Giannatasio del Rio, qui connut et aima Beethoven, vers 1816.)

ANTON SCHINDLER.— Beethovens Biographie, 1840. Traduction française 1866 (épuisé) (pour la seconde moitié de sa vie).

ANTON SCHINDLER. — Beethoven in Paris. 1842, Munster.

GERHARD VON BREUNING. — Aus dem Schwarzspanierhause. 1874. (La Schwarzspanierhaus est la maison de Vienne où Beethoven est mort. Elle a été détruite pendant l'hiver de 1903.)

MOSCHELES. — The life of Beethoven. 2 vol. 1841, Londres.

ALEXANDER WHEELOCK THAYER (traduit de l'anglais en allemand et continué par HERMANN DEITERS, puis par HUGO RIEMANN). — Ludwig van Beethovens Leben. 5 volumes, 1908.

Commencé en 1866 ; interrompu par la mort de l'auteur, en 1897, à Trieste, où il était consul des États-Unis ; l'ouvrage s'arrête à l'année 1816. — Deiters entreprit de le terminer ; mais il mourut, à son tour, en 1907, avant d'avoir publié le second volume. M. H. Riemann acheva l'œuvre, avec les matériaux laissés par Deiters. — C'est de beaucoup l'œuvre la plus importante sur Beethoven.

LUDWIG NOHL. — Beethovens Leben. 1864-1877. 4 volumes.

LUDWIG NOHL. — Beethoven nach den Schilderungen seiner Zeitgenossen. Stuttgart.

A.-B. MARX. — L. van Beethovens Leben und Schaffen. 1863, 2 volumes. 5e édition, remaniée par G. Behncke, 1902, Berlin.

VICTOR WILDER. — Beethoven, sa vie et son œuvre. 1883.

MARIAM TENGER. — Beethovens unsterbliche Geliebte. 1890. La valeur historique de ce livre a été quelquefois contestée. Mariam Tenger a été la confidente des dernières années de Thérèse. Il est vraisemblable que Thérèse, alors âgée, devait involontairement idéaliser ses souvenirs ; mais le fond du récit paraît exact.

A. EHRHARD. — Franz Grillparzer. 1900.

THEODOR VON FRIMMEL. — Ludwig van Beethoven (dans la collection des Berühmte Musiker). 1901. Berlin.

JEAN CHANTAVOINE. — Beethoven, 1907.

Dr ALFRED CHR.-KALISCHER. —Beethoven und seine Zeitgenossen. Beiträge zur Geschichte des Künstiers und Menschen. 4 vol. 1910.
Recueil de documents, du plus grand intérêt, sur tout le cercle d'amis et d'amies de Beethoven. Cette mine de

renseignements renouvelle en partie la psychologie de Beethoven.

III. — POUR L'ŒUVRE DE BEETHOVEN

BEETHOVEN. — Œuvres complètes, grande édition critique, Breitkopf und Haertel, Leipzig, 38 volumes.

G. NOTTEBOHM. — Thematisches Verzeichniss der im Druck erschienenen Werke von Ludwig van Beethoven, 1868, Leipzig.

A.-W. THAYER. — Chronologisches Verzeichniss der Werke v. B. 1865, Berlin.

G. NOTTEBOHM. — Ein Skizzenbuch von Beetho ven. 1865.

NOTTEBOHM. — Ein Skizzenbuch von B. aus dem Jahre 1803. 1880.

NOTTEBOHM. — Beethovens Studien. 1873.

NOTTEBOHM. — Beethoveniana. —Zweite Beethoveniana. 1872-87.

GEORGE GROVE. — Beethoven and his nine Symphonies. 1896, Londres.

J.-G. PRODHOMME. — Les symphonies de Beethoven, 1906.

ALFREDO COLOMBANI. — Le Nove Sinfonie di Beethoven. 1897, Turin.

ERNST VON ELTERLEIN. — B. Claviersonaten. 5e édition, 1895.

WILLIBALD NAGEL. — B. und zeine Klaviersonaten, 2 vol. 1903-1905.

SHEDLOCK. — The pianoforte sonata. 1900, Londres.

CH. CZERNY. — Pianoforte-Schule (Quatrième partie, chapitres II, III).

THEODOR HELM. — B. Streichquartette, 1885

H. DE CURZON. — Les lieder et airs détachés de B. 1906.

OTTO JAHN. — Leonore, Klavierauszug mit Text, nach der zweiten Bearbeitung, 1852.

Dr ERICH PRIEGER. — Fidelio, Klavierauszug mit Text, nach der ersten Bearbeitung, 1906.

WILHELM WEBER. — B. Missa Solemnis. 1897.

PROF. Dr RICHARD STERNFELD. — Zur Einführung in L.v. B. Missa Solemnis.

IGNAZ VON SEYFRIED. — L. V. B. Studien im Generalbass, Kontrapunkl, und in der Kompositions Lehre. 1832.

W. DE LENZ. — Beethoven et ses trois styles. (Analyses des sonates de piano) (épuisé) 1854.

OULIBICHEFF. — Beethoven, ses critiques et ses glossateurs, 1857.

WASIELEWSKI. — Beethoven. 2 vol. 1886, Berlin.

R. SCHUMANN. — Écrits sur la musique et les musiciens, première série, traduction H. de Curzon, 1894.

RICHARD WAGNER. — Beethoven, 1870, Leipzig.

VINCENT D'INDY. — Beethoven, 1911.

L'œuvre musicale de Friedrich Wilhelm Rust (1739-1796), de Dessau, récemment retrouvée, grâce aux publications qu'un de ses petits-fils a faites de quelques-unes de ses sonates, est utile à connaître, pour qui veut étudier la formation du génie musical de Beethoven. Le plus jeune fils de Rust, Wilhelm-Garl, vécut à Vienne, de 1807 à 1827, et fut en relations avec Beethoven. Rust, Charles-Philippe-Emmanuel- Bach, et les symphonistes de Mannheim ont été les vrais précurseurs de Beethoven. — Voir Hugo Riemann : Beethoven und die Mannheimer (Die Musik, 1907-8).

Il y a aussi intérêt à connaître les lieder de Neefe (1748-1799), déjà tout beethovéniens, et nos musiciens de la Révolution, notamment Cherubini, dont le style, en certaines de ses compositions religieuses et dramatiques, a parfois servi de modèle à Beethoven.

IV.   — PORTRAITS DE BEETHOVEN

1789. — Silhouette de Beethoven à dix-huit ans. [Maison de Beethoven, à Bonn ; reproduit dans la biographie de Frimmel, page 16.]
1791-2. — Miniature de Beethoven, par GERHARD VON KUGELGEN. [Appartient à Georg Henschel, Londres ; reproduit dans le Musical Times du 15 décembre 92, page 8.]

1801. — Dessin de G. Stainhauser, gravé par JOHANN NEIDL. [Reproduit dans Félix Clément : Les Musiciens célèbres, 1878, page 267 ; — Frimmel, page 28.]

1802. — Gravure de Scheffner, d'après STAINHAUSER. [Maison de Beethoven, à Bonn ; reproduit dans die Musik du 15 mars 1902, page 1145.]

1802. — Miniature de Beethoven, par CHRISTIAN HORNEMANN. [Appartient à Mme de Breuning, à Vienne ; reproduit dans Frimmel, page 31.]

1805. — Portrait de Beethoven, par W.-J. MAEHLER. [Appartient à Robert Heimler, Vienne ; reproduit dans le Musical Times, page 7 ; Frimmel, page 34.]

1808. — Dessin de L.-F. Schnorr de Carolsfeld, lithographie par J. BAUER. [Maison de Beethoven, à Bonn.]

1812. — Masque de Beethoven, moulé par FRANZ KLEIN.

1812. — Buste de Beethoven, par FRANZ KLEIN, d'après le masque. [Appartient au fabricant de pianos E. Streicher, à Vienne ; reproduit dans Frimmel, page 46 ; — Musical Times, page 19.]

1814. — Dessin de L. Letronne, gravé par BLA-SIUS HOEFEL. [Le plus beau portrait de Beethoven ; la maison de Beethoven, à Bonn, possède l'exemplaire qu'il offrit à Wegeler ; reproduit dans Frimmel, page 51 ; — Musical Times, page 21.]

1815. — Dessin de L. Letronne, gravé par Riedel. [Reproduit dans die Musik, page 1147.]

1815. — Deuxième portrait de Beethoven, par MAEHLER. [Appartient à Ign. von Gleichenstein,

Fribourg-en-Brisgau. Reproduction à la maison de Beethoven, à Bonn.]

1815. — Portrait de Beethoven, par CHRISTIAN HECKEL. [Appartient à J.-F. Heckel, Mannheim ; reproduction à la maison de Beethoven, à Bonn.]

1818. — Gravure d'après le dessin de Beethoven, par AUG. VON KLOEBER. [Reproduit dans le Musical Times, page 25.]— Le dessin original de Klœber est dans la collection du Dr Erich Prieger, à Bonn.

1819. — Portrait de Beethoven, par FERDINAND SCHIMON. [Maison de Beethoven, à Bonn ; reproduit dans die Musik, page 1149 ; — Frimmel, page 63 ; — Musical Times, page 29.]

1819. — Portrait de Beethoven, par K.-JOSEPH STIELER. [Appartient à Alex. Meyer Cohn, Berlin ; reproduit dans Frimmel, page 71.]

1821. — Buste de Beethoven, par ANTON DIETRICH. [Appartient à Léopold Schrœtter de Kristelli ;] reproduction dans la maison de Beethoven, à Bonn.

1824-6. — Dessins-caricatures de Beethoven se promenant, par J.-P. LYSER. [Originaux à la Gesell- schaft der Musikfreunde, Vienne ; reproduits dans Frimmel, page 67 ; — Musical Times, page 15.]

1823. — Dessins-caricatures de Beethoven se promenant, par Jos. VAN BOEHM. [Reproduits dans Frimmel, page 70.]

1823. — Portrait de Beethoven, par WALDMUELLER. [Appartient à Breitkopf et Hœrtel, Leipzig ; reproduit dans Frimmel, page 72.]

1825-6. — Dessin de Beethoven, par STEFAN DECKER. [Appartient à Georg Decker, Vienne ; reproductions à la maison de Beethoven, à Bonn.]

1826. — Dessin de B. par A. Dietrich, lithographie par Jos. KRIEHUBER. [Reproduit dans Frimmel, page 73.]

1826. — Buste de Beethoven à l'antique, par SCHALLER. [Appartient à la Société philharmonique de Londres ; copie à la maison de Beethoven, à Bonn ; reproduit dans Frimmel, page 74, et dans le Musical Times.]

1827. — Esquisse de Beethoven sur son lit de mort, par Jos. DANHAUSER. [Appartient à A. Artaria, Vienne ; reproduit dans l'Allgemeine Musik-Zeitung, du 19 avril 1901.]

1827. — Trois esquisses de Beethoven sur son lit de mort, par TELTSCHER. [Appartiennent au Dr Aug. Heymann ; publiées par Frimmel ; reproduites dans le Courrier musical, du 15 novembre 1909.]

1827. — Masque de Beethoven mort, moulé par DANHAUSER. [Maison de Beethoven, à Bonn.]

De nombreux portraits de Beethoven ont été faits depuis sa mort. L'œuvre la plus remarquable qui lui ait été consacrée est le monument de Max Klinger (Vienne, 1902).

A PROPOS DE L'AUTEUR

Romain Rolland, né à Clamecy (Nièvre) le 29 janvier 1866 et mort à Vézelay le 30 décembre 1944, est un écrivain français, lauréat du prix Nobel de littérature de 1915.

D'une culture forgée par la passion de l'art et de la musique (opéra, Michel-Ange, Scarlatti, Lully, Beethoven, amitié avec Richard Strauss) et le culte des héros, il chercha sa vie durant un moyen de communion entre les hommes. Son exigence de justice le poussa à souhaiter la paix « au-dessus de la mêlée » pendant et après la Première Guerre mondiale. Il est animé par un idéal humaniste et la quête d'un monde non violent, par son admiration pour Léon Tolstoï, grande figure de la non-violence, par les philosophies de l'Inde (conversations avec Rabindranath Tagore et Gandhi), l'enseignement de Râmakrishna et Vivekananda, par sa fascination pour ʿAbd-al-Bahāʾ (il y fait référence dans Clerambault), puis par le « monde nouveau » qu'il espérait voir se construire en Union soviétique.

Il se trouve à partir du milieu des années 1920, de par son engagement de plus en plus affirmé en faveur de l'URSS, au cœur des réseaux de soutien au régime soviétique et devient le plus connu des « Amis de l'URSS » européens.